近畿圏版⑤ 最新入試に対応！ 家庭学習に最適の問題集!!

近畿大学附属小学校 帝塚山小学校

JN035403

2022 ～2023年度過去問題を掲載

2024 年度版

過去問題集

合格までのステップ

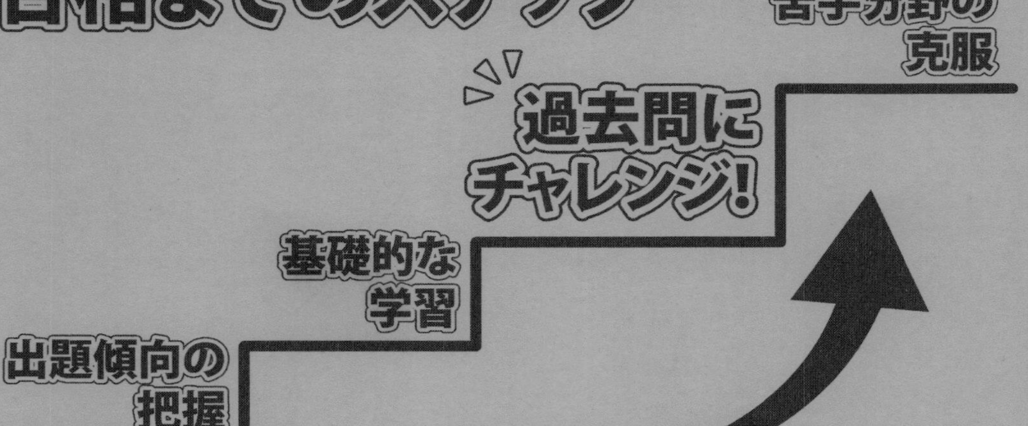

●資料提供●

くま教育センター

日本学習図書 ニチガク

ISBN978-4-7761-5519-5

C6037 ¥2300E

9784776155195

定価 2,530 円

（本体 2,300 円 + 税 10%）

1926037023005

ニチガクの家庭学習支援

Web学習サポートサービス

こんなこと…ありませんか？

「ニチガクの問題集…買ったはいいけど、、、
この問題の教え方がわからない（汗）」

メールでお悩み解決します！

- ☆ホームページ内の専用フォームで必要事項を入力！
- ☆教え方に困っているニチガクの問題を教えてください！
- ☆確認終了後、具体的な指導方法をメールでご返信！
- ☆全国どこでも！ スマホでも！ ぜひご活用ください！

<質問回答例>

学習のポイント

推理分野の学習では、後の学習に活きる思考力を養うことができます。ご家庭で指導する場合にも、テクニックにたよらず、保護者の方が先に基本的な考え方を理解した上で、お子さまによく考えさせることを大切にして指導してください。

Q.「お子さまによく考えさせることを大切にして指導してください」と学習のポイントにありますが、考える習慣をつけさせるためには、具体的にどのようにしたらいいですか？

A. お子さまが考える時間を持てるように、質問の仕方と、タイミングに工夫をしてみてください。
たとえば、「答えはあっているけど、どうやってその答えを見つけたの」「答えは○○なんだけど、どうしてだと思う？」という感じです。はじめのうちは、「必ず30秒考えてから手を動かす」などのルールを決める方法もおすすめです。

まずは、ホームページへアクセスしてください!!

http://www.nichigaku.jp　日本学習図書　検索

目指せ！合格！

家庭学習ガイド
近畿大学附属小学校

ペーパー　行動観察　保護者面接　巧緻性

入試情報

応募者数：男女 152 名
出題形式：ペーパー、ノンペーパー
面　　接：保護者
出題領域：ペーパー（図形、数量、推理、常識、お話の記憶）、
生活巧緻性、行動観察

入試対策

本年度入試でも、本番の入試とは別に、保護者面接が 9 月下旬に行われました。保護者面接では、「しつけで 1 番大切にしていることは何ですか」「お子さまの自慢できるところはどんなところですか」「お子さまがお友だちに無視をされた時にどう対応しますか」などお子さまについての質問や、「本校の行事で興味のあった行事は何ですか」「体験入学などで、お子さまはどれを気に入っていましたか」など学校に関する質問などがありました。ペーパーテストは、ひと続きのお話に沿って、図形、数量、推理、常識などの分野の問題が出題される当校独特の形式が採られています。

●ペーパーテストでは、基本的な問題から発展的な問題まで、幅広く出題されています。まずは、基礎をしっかりと固めること。解答がほかにはないかという注意力、観察力などを伸ばしてください。
●常識の問題では、日常生活における知識やマナーについての問題が例年出題されています。日常生活において体験を通して習得することをおすすめします。
●行動観察は積極的に参加していること、指示をきちんと聞き取り把握すること、待っている時の態度などが重要です。

「近畿大学附属小学校」について

＜合格のためのアドバイス＞

　当校の入試対策で非常に大切になることは、お子さまが日常生活の中で学んでいることを活かせているかどうかです。当校が求めている児童像については、「生活面」のことと関連付けて説明会で述べられていることや、実際の試験の中でも、ボタンがけなどの巧緻性の課題はもちろん、ペーパーテストで生活習慣や常識などの分野が出題されることからもうなずけます。

　ですから、まずは当校がどのような児童を求めているのか、説明会などに積極的に参加し、保護者の方が自ら感じ取ることが必要といえます。というのも、保護者面接で説明会や体験入学についての質問がされますので、保護者の方の入試対策にもつながります。

　ペーパーテストは、１つひとつ問題は違いますが、それぞれの問題文に共通のストーリーがある、当校独自の形式になっています。そのため、問題をただ解答するだけでなく、出題を「聞く力」も必要とします。お子さまにはしっかりと集中して聞くことを意識するように指導しましょう。問題の難しさは例年通り、一般的な小学校受験レベルのものですが、図形、数量、推理、常識、お話の記憶など幅広い分野の出題がされているため、バランスよく学習していく必要があります。

　行動観察では、前述した通り、例年、衣服の着脱（体操服）、ひも結び、箸使い、ボタンかけなどの「生活面」を観る課題が出題されますが、どんな出題がされるのかも、例年説明会で述べられるそうです。

〈2023 年度選考〉

◆保護者面接（考査日前に実施）
◆ペーパーテスト
◆行動観察

◇過去の応募状況

2023 年度	男女	152 名
2022 年度	男女	156 名
2021 年度	男女	121 名

入試のチェックポイント

◇受験番号は…「願書提出順」
◇生まれ月の考慮…「なし」

〈本書掲載分以外の過去問題〉

◆数量：全体の数と見えている数から、隠れているものの数を考える。［2015 年度］
◆系列：あるお約束事に沿って並んでいる図形をもとに、空欄をうめる。［2012 年度］
◆推理：絵を見て、絵に書かれた状況がどう進展するかを考え、話す。［2012 年度］
◆言語：ドキドキ、ソワソワなどを表す絵を見つける。［2015 年度］
◆常識：鳴く虫、ヒマワリの種、半分に切った野菜の絵を見つける。［2015 年度］

目指せ！合格！

家庭学習ガイド
帝塚山小学校

ペーパー　口頭試問　運　動　行動観察　保護者面接

入試情報

応募者数：男女 71 名
出題形式：ペーパー、ノンペーパー
面　　接：保護者
出題領域：ペーパー（記憶、図形、推理、言語）
　　　　　口頭試問、運動、行動観察

入試対策

例年通り、ペーパー、運動、面接、口頭試問、行動観察が行われました。ペーパーテストでは、お話の記憶、図形、推理、言語に関する分野が例年出題されています。説明会では出題傾向が説明され、その分野がそのまま出題されているので、志望される方は説明会に必ず参加されることをおすすめします。口頭試問では、絵を見せた後にその説明と感想を求められました。例年通り１人での試問と、５人程度での試問の両方が行われたようです。

●保護者面接は、試験日前に実施されます。保護者に対する質問内容は、説明会や公開授業の印象や感想、そして、「しつけで気を付けていることは何ですか」「どのような大人になってほしいですか」「お休みの日は、お子さまとどのように過ごされていますか」など、家庭教育・育児に関することなど幅広く質問がされます。

「帝塚山小学校」について

〈合格のためのアドバイス〉

当校を志望される方は、公開行事や説明会などへの参加が不可欠です。特に説明会では入試出題傾向についての説明があります。とはいえ、ただ参加するのでは意味がありません。事前に学校が発表している入試情報、過去の出題などを把握してから参加するようにしてください。そうすることで、説明される入試観点、ポイントなどへの理解が深まります。保護者面接では例年、公開行事や説明会のことについて聞かれます。その点でも参加は不可欠ということになります。

当校は、テスト前に練習問題を実施するなど、ていねいな入学試験が行われています。試験では、聞く力、理解力が求められるとともに、さまざまな学習を行う以前の、基本的な躾が身に付いていることも大切です。当校の入試対策は、各分野の力を個別に付けていくというよりは、全体のバランスを向上させることを心がけてください。そのためのポイントとして、得意分野と苦手分野の評価基準を変えてみるとよいでしょう。得意分野では正確さとスピードを両立させ、難度の高いことができた手応えをお子さまに実感させます。苦手分野では、「正解できた」「考え方が良い」など、解けたこと・考え方を評価し、自信を持たせるようにするとよいでしょう。

また、口頭試問は、正しい言葉遣いで、大きな声で話すことを心がけてください。１対１で、自分の意見・考え方を言える練習は必ずしておきましょう。

ペーパーテストは基本的な問題が中心ですが、それでも、出題の仕方によっては、はじめてみるような問題となることもあります。まずは、指示をしっかり聞き取って、理解してから問題に取り組むことを習慣付けさせてください。

学校は説明会などでも、学校をよく知って受験してほしいと伝えていますが、その考えは面接における質問内容にも反映されています。保護者の方は「学校をよく知る」ことをはじめとし、さまざまな質問に対応できる準備をこころがけましょう。

〈2023 年度選考〉

◆保護者面接（考査日前に実施）
◆ペーパーテスト
◆運動
◆個別面接・集団での口頭試問

◇過去の応募状況

2023 年度	男女	71 名
2022 年度	男女	75 名
2021 年度	男女	94 名

入試のチェックポイント

◇生まれ月の考慮…「あり」
◇受験番号…「願書提出順」

〈本書掲載分以外の過去問題〉

◆推理：お約束通りにものが並んでいる中の空所に入るものを考える。[2016 年度]
◆比較：２つの絵を重ねてできる形を探す。[2015 年度]
◆比較：基準となるシーソーを見て、重さを比較する。[2014 年度]
◆図形：４つの図形の中から、１つだけ違うものを探す。[2017 年度]

🉐 先輩ママたちの声！

◆実際に受験をされた方からのアドバイスです。
ぜひ参考にしてください。

近畿大学附属小学校

・説明会にて、行動観察の出題傾向の説明がありました。設問の説明をして、この中から数問出題しますと言われました。

・本の読み聞かせをたくさんしました。読み聞かせが親子の習慣になったことはとてもよかったと思います。また、話の聞き取りもしっかりできるようになったので、毎日の読み聞かせを、ぜひおすすめします。

・子どもの行動は、試験や面接中にはもちろんのこと、待機中なども観られていたと思います。会場では気を抜くことなく過ごすように 注意したほうがよいです。

帝塚山小学校

・今年度も説明会にて、考査の出題傾向の説明がありました。実際の試験では、説明があった内容の問題がそのまま出題されました。また、願書の書き方の細かな説明もありましたので、受験される場合は必ず参加されるのがよいと思います。

・保護者面接では、体験入学や説明会の印象について聞かれた方もいたようです。説明会だけでなく、学校を深く理解するためにも公開行事には参加した方がよいと思います。

・ペーパーテストは問題を解く力はもちろんですが、「聞く力」も問われているのだと痛感しました。

・面接時は先生が細かくメモをとられていました。

近畿大学附属小学校
帝塚山小学校
過去問題集

〈はじめに〉

現在、少子化が叫ばれているにもかかわらず、私立・国立小学校の入学試験には一定の応募者があります。入試は、ただやみくもに学習するだけでは成果を得ることはできません。志望校の過去における出題傾向を研究・把握した上で、練習を進めていくこと、試験までに志願者の不得意分野を克服していくことが必須条件です。そこで、本問題集は小学校を受験される方々に、志望校の出題傾向をより詳しく知って頂くために、出題頻度の高い問題を結集いたしました。最新のデータを含む精選された過去問題集で実力をお付けください。

また、志望校の選択には弊社発行の「**2024年度版　近畿圏・愛知県　国立・私立小学校　進学のてびき**」をぜひ参考になさってください。

〈本書ご使用方法〉

◆出題者は出題前に一度問題を通読し、出題内容などを把握した上で、**〈　準　備　〉**の欄に表記してあるものを用意してから始めてください。

◆お子さまに絵の頁を渡し、出題者が問題文を読む形式で出題してください。問題を読んだ後で、絵の頁を渡す問題もありますのでご注意ください。

◆**「分野」**は、問題の分野を表しています。弊社の問題集の分野に対応していますので、復習の際の目安にお役立てください。

◆一部の描画や工作、常識等の問題については、解答が省略されているものがあります。お子さまの答えが成り立つか、出題者が各自でご判断ください。

◆**〈　時　間　〉**につきましては、目安とお考えください。

◆本文右端の［〇年度］は、問題の出題年度です。［2023年度］は、「2022年の秋に行われた2023年度入学志望者向けの考査で出題された問題」という意味です。

◆**学習のポイント**は、指導の際にご参考にしてください。

◆**【おすすめ問題集】**は各問題の基礎力養成や実力アップにご使用ください。

〈本書ご使用にあたっての注意点〉

◆文中に**この問題の絵は縦に使用してください。**と記載してある問題の絵は縦にしてお使いください。

◆**〈　準　備　〉**の欄で、クレヨン・クーピーペンと表記してある場合は12色程度のものを、画用紙と表記してある場合は白い画用紙をご用意ください。

◆文中に**この問題の絵はありません。**と記載してある問題には絵の頁がありませんので、ご注意ください。なお、問題の絵の右上にある番号が連番でなくても、中央下の頁番号が連番の場合は落丁ではありません。
下記一覧表の●が付いている問題は絵がありません。

問題1	問題2	問題3	問題4	問題5	問題6	問題7	問題8	問題9	問題10
							●		●
問題11	問題12	問題13	問題14	問題15	問題16	問題17	問題18	問題19	問題20
●								●	
問題21	問題22	問題23	問題24	問題25	問題26	問題27	問題28	問題29	問題30
							●	●	●
問題31	問題32	問題33	問題34	問題35	問題36	問題37	問題38	問題39	問題40
							●	●	●

〈近畿大学附属小学校小学校〉

※問題を始める前に、本書冒頭の「本書ご使用方法」「本書ご使用にあたっての注意点」をご覧ください。
※本校の考査は鉛筆を使用します。間違えた場合は×で訂正し、正しい答えを書くよう指導してください。

保護者の方は、別紙の「家庭学習ガイド」「合格ためのアドバイス」を先にお読みください。
当校の対策および学習を進めていく上で役立つ内容です。ぜひご覧ください。

2023年度の最新問題

※ペーパーテストは、ひと続きのお話を聞きながら、さまざまな問題に解答していくという形式で行われます。

問題1　分野：数量

〈準備〉　鉛筆

〈問題〉　秋の遠足に来たイヌのワンダは、お約束を破って草むらに続く道の方へ行ってしまいます。
①草むらには、チューリップがたくさん生えています。色の違うチューリップは、右から何番目ですか。その数だけ下の四角に○を書いてください。
②お花のまわりには、ちょうちょがたくさん飛んでいます。ちょうちょは全部で何匹ですか。その数だけ下の四角に○を書いてください。
③草むらには、チューリップの他にも、お花がたくさん咲いています。２番目に多いお花は何本咲いていますか。その数だけ下の四角に○を書いてください。

〈時間〉　各15秒

〈解答〉　①○３つ　②○９つ　③○６つ

学習のポイント

当校で出題される数量の問題は、さまざまなバリエーションで出題されます。これは小学校に入学してから学ぶ、足し算・引き算の前段階として、数に対する感覚がそなわっているかを問うためです。学習の土台をつくる大切な時期ですから、繰り返しいろいろな具体物を使って「数」に慣れ親しんでおきましょう。最初の練習段階では、回答時間にこだわること無くていねいに解説し、お子さまの理解を深めてください。

【おすすめ問題集】
　Ｊｒ・ウォッチャー14「数える」、37「選んで数える」

問題２　分野：数量

〈準備〉　鉛筆

〈問題〉　この問題の絵は縦に使用してください。
おなかが減ったワンダは、持ってきたおにぎりを食べることにしました。10個あったおにぎりをいくつか食べたら、左側の絵のようになりました。ワンダはいくつおにぎりを食べましたか。その数だけ右の四角に○を書いてください。

〈時間〉　各15秒

〈解答〉　下図参照

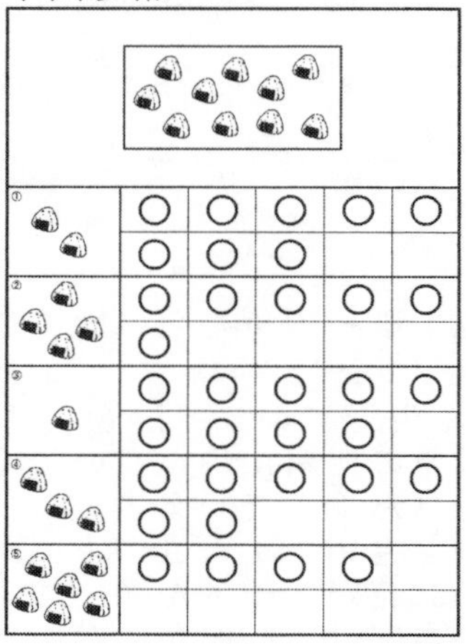

学習のポイント

このような数の問題は、普段の生活の中で、数の操作をした経験が考えの土台となります。自分の手でおやつなどを分けたり、配膳したりしていくことで、数への認識が深まり、数の増減を理解していきます。日常生活で、数を数えることから始まり、増減、比較などが自然にできるようになっていきます。「普段から数とふれあう機会」をできるだけ多く持てるよう、心がけてください。また、問題には制限時間が設けられています。類題を繰り返し練習することで、できるだけ多くの問題に慣れておきましょう。

【おすすめ問題集】
Ｊｒ・ウォッチャー14「数える」、
38「 たし算・ひき算１」、39「たし算・ひき算２」

問題3　分野：図形（座標の移動）

〈準備〉　鉛筆

〈問題〉　①（問題３－１の絵を渡す）上のお約束を見てください。ワンダがいないことに気づいたうさぎさんは、ワンダを探しに行きます。今の場所から♣♥♣♦と進むと、どこに止まりますか。止まるところに○をつけてください。
②（問題３－２の絵を渡す）上のお約束を見てください。もといたところに戻ってきたウサギさんは、別の場所を捜してみることにしました。今の場所から♠♥♥♥♠と進むと、どこに止まりますか。止まるところに○をつけてください。
③（問題３－３の絵を渡す）上のお約束を見てください。もといたところに戻ってきたウサギさんは、別の場所を捜してみることにしました。今の場所から♦♦♦♣と進むと、どこに止まりますか。止まるところに○をつけてください。

〈時間〉　20秒

〈解答〉　①すべり台　②いす（ベンチ）　③森

学習のポイント

上の条件を見て、ウサギさんを移動させる「座標の移動」の問題です。近年頻出される問題の一つですから、しっかりと対策をしておきましょう。この問題の要点は、約束を正しく理解しているかどうかです。また、それを目で追うだけではなく、ウサギさんといっしょに歩くつもりで解いてみるとよいでしょう。最もつけたい力は「条件を理解する力」です。類題に繰り返し解くことも大切ですが、１つの問題で条件を変えてみることも試してみましょう。

【おすすめ問題集】
Ｊｒ・ウォッチャー47「座標の移動」

問題4　分野：図形（展開）

〈準備〉　鉛筆

〈問題〉　**この問題の絵は縦に使用してください。**
左の絵のように、折った紙の一部を切り取って広げました。どのような形になりますか。右の絵から選んで○をつけてください。

〈時間〉　各20秒

〈解答〉　下図参照

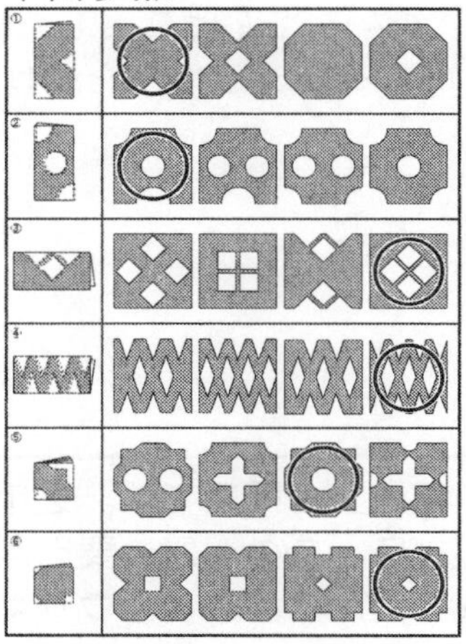

学習のポイント

展開の問題は、体験を積むことが理解を深める近道となります。実際に折り紙を使って、見本と同じように折り、白い部分をハサミで切り落とし、広げてみましょう。自分の答えが合っているかどうかが一目瞭然です。また、実際に折り紙で試す前に、どうしてその答えを出したのかをお子さまに説明させてみるのもよいでしょう。その後、実際に試してお子さまの予想通りになっているかを一緒に検証し、「折り目に開けた穴は、広げた時に大きくなるが、数は増えない」「折り目でないところに開けた穴は、広げた時に大きくはならないが、数が増える」という基本を確認します。練習を積み重ねることで、力がついてくる種類の問題です。類題を繰り返し解き、着実に力をつけていきましょう。

【おすすめ問題集】
Ｊｒ・ウォッチャー5「回転・展開」、8「対称」

家庭学習のコツ①　「先輩ママのアドバイス」を読みましょう！

本書冒頭の「先輩ママのアドバイス」には、実際に試験を経験された方の貴重なお話が掲載されています。対策学習への取り組み方だけでなく、試験場の雰囲気や会場での過ごし方、お子さまの健康管理、家庭学習の方法など、さまざまなことがらについてのアドバイスもあります。先輩ママの体験談、アドバイスに学び、ステップアップを図りましょう！

問題5　分野：図形（四方からの観察）

〈準備〉　鉛筆

〈問題〉　この問題の絵は縦に使用してください。
問題の絵を見てください。左側の積み木を上から見ると、どのように見えるでしょうか。右から選んで、○をつけてください。

〈時間〉　30秒

〈解答〉　下図参照

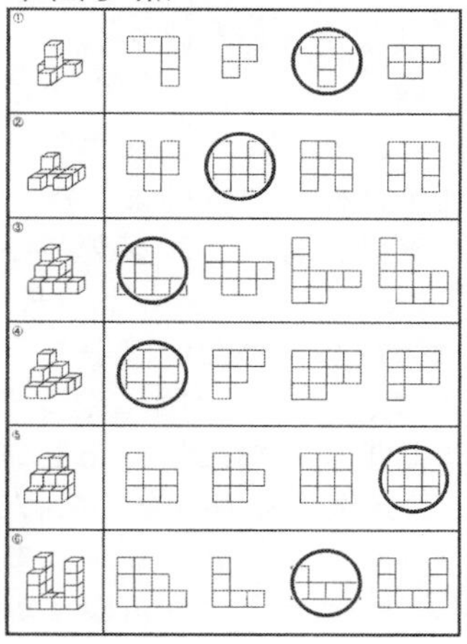

学習のポイント

この問題のポイントは、同じ積み木を違う視点から見たとき、どう見えるかが理解できているかどうかです。こういった問題理解するには、ふだんから実物を使った学習をしておくことです。実際に問題同様に積み木を積んでいき、見てみましょう。そしてその後に積み木の一部を移動させ、さっき見ていた視点とは違う視点で全体を見るという作業を行いましょう。この作業を繰り返し行っていくと、頭の中でもイメージして積み木を積み上げられるようになります。

【おすすめ問題集】
Ｊｒ・ウォッチャー53「四方からの観察　積み木編」

問題6　分野：お話の記憶

〈準備〉　鉛筆

〈問題〉　この問題の絵は縦に使用してください。
お話を聞いて、後の質問に答えてください。

今日は秋の遠足の日です。イヌのワンダは仲良しのお友達、リスくん、クマくん、ウサギさんと近くの広場で待ち合わせをして、キリン先生がいる集合場所まで一緒に向かうことにしました。広場に着くと、白いシャツに赤いリュックを背負ったクマくんがいました。「ワンダくんおはよう。」ワンダを見つけたクマくんが、元気よく挨拶します。「おはようクマくん。ウサギさんとリスくんはまだきてない？」「リスくんはぼくよりも先に着いていたけど、水筒を忘れてお家に取りに行ったよ。ウサギさんはまだ来てないな。」ワンダとクマくんがお話ししていると、リスくんとウサギさんがやってきました。「みんなおまたせ。」リスくんが少し慌てた様子で言いました。「さっき着いたところだから、大丈夫だよ。」そう言うとワンダは、青いリュックから、お気に入りの星マークの帽子を出して被りました。「みんなそろったし、キリン先生のところへ行こう」今日の遠足を楽しみにしていたワンダは、待ちきれない様子でそう言いました。集合場所に着いた4人は、キリン先生に連れられて、大きな公園にやってきました。「今から笛が鳴るまでの間、みんなで自由に遊びましょう。ただし、先生から見えるように、草むらの方には行かないでね。」「はーい。」元気よく返事をした4人は、それぞれ遊び始めました。ウサギさんはリスくんとドングリ集めを、クマくんは虫取りを、ワンダは探検ごっこをして遊んでいます。しばらくして、ピーという笛の音が鳴りました。「お昼ごはんの時間です。みんな集まってください。」キリン先生がみんなを呼ぶと、一番最初にリス君、次にウサギさんがやってきました。2人ともポケットがドングリでぱんぱんです。すぐあとにクマくんが来ました。「あれ、ワンダくんがいないよ。」ウサギさんが気づきます。「お約束を破って、草むらの方に行っちゃったのかも。」クマくんが言います。「大変だ。みんなで一緒にワンダくんを捜そう。」キリン先生がそう言うと、みんなは一緒にワンダを捜すことにしました。しばらく捜していると、「先生あそこ。」と、ウサギさんが指で指しました。指された方を見ると、ワンダが困り顔で辺りをきょろきょろ見回しています。「ワンダくん。」キリン先生が大きな声でワンダを呼びます。それに気づいたワンダは、キリン先生の方に走ってきました。「キリン先生、お約束を破ってごめんなさい。」ワンダは謝りました。

①クマくんが身につけていたものに、○をつけてください。
②リスくんがお家に忘れてきたものに、○をつけてください。
③ワンダのお気に入りの帽子に、○をつけてください。
④笛の音が鳴ったとき、２番目に来た動物に、○をつけてください。
⑤ワンダを見つけた動物に、○をつけてください。

〈時　間〉　各15秒

〈解　答〉　下図参照

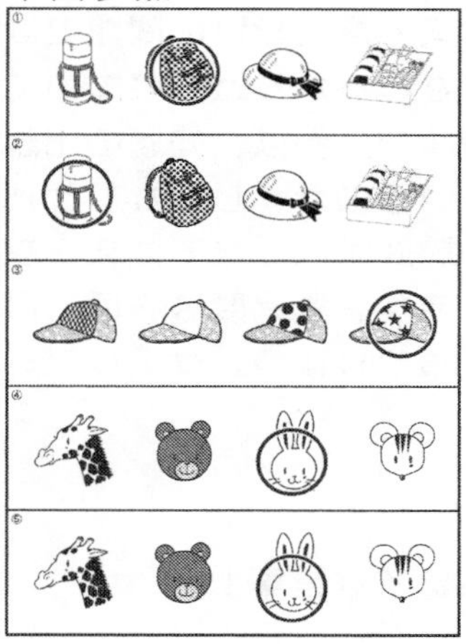

学習のポイント

長いお話を聞いて、その内容を正確に記憶することは大変なことです。こうしたお話を聞くという課題が毎年出題されるのは、今後の学校生活において、重要な意味を持っているためです。先生のお話を集中して聞き、それをしっかり記憶していかなければならないため、長時間継続して集中できるよう、訓練をしておくと良いでしょう。このような長文を記憶する際、場面をイメージしながら聞くことによって、内容がより記憶に残りやすくなります。一朝一夕で身につく力では無いため、普段からの読み聞かせやコミュニケーションなどを通して、着実に培っていきましょう。

【おすすめ問題集】
　1話5分の読み聞かせお話集①・②、お話の記憶 初級編・中級編・上級編
　Ｊｒ・ウォッチャー19「お話の記憶」

問題7　分野：複合（常識・言語）

〈準　備〉　鉛筆

〈問　題〉　①「きる」という言葉に当てはまらないものを選んで、○をつけてください。
　　　　　②　2番目に大きいものに○をつけてください。

〈時　間〉　各15秒

〈解　答〉　①左端　②右から2番目

学習のポイント

小学校入試において、よく出題される分野です。考えて解く類いの問題ではなく、普段の生活を通して体験したこと、見聞きして学んだことがしっかりと身についているか、という点が問われています。また、このような常識や言語の分野は、問題の出題形式が多岐にわたります。指示をしっかりと聞き、何を問われているのか、しっかりと把握した上で解くようにしましょう。この問題を例に挙げるなら、設問①は「当てはまらないもの」、設問②では「２番目に大きいもの」という指示があります。難易度はさほど高くないため、前述した点さえ把握することができれば、正解できるでしょう。ケアレスミスをしないよう、落ち着いて解答しましょう。

【おすすめ問題集】

Ｊｒ・ウォッチャー12「日常生活」、18「いろいろな言葉」

問題８　分野：口頭試問

〈準備〉　折り紙、段ボール（工作用）

〈問題〉　この問題の絵はありません。

※自由遊びをしている途中に呼ばれて、志願者と試験官の１対１で行う。
（質問例）
・建物の中で遊ぶのと、外で遊ぶのとでは、どちらが好きですか。
・遊ぶとき、約束は守っていますか。
・どうして約束を守らなければいけないと思いますか。

※待機中は、準備した折り紙や、段ボールを組み立てて遊ぶよう指示がある。

〈時間〉　適宜

〈解答〉　省略

学習のポイント

テスターとの１対１で行われる口頭試問では、ペーパーテストや志願書類ではわからないお子さまの本質が観られます。人と接する時の態度やマナー、言葉遣いの中に、家庭での躾の様子だけでなく、ご家庭の教育方針をうかがうことができます。人の話をよく聞いて、しっかり答える姿勢を、お子さまとの会話を通して、ふだんから少しずつ培っていくようにしましょう。

【おすすめ問題集】

面接テスト問題集、新口頭試問・個別テスト問題集

問題9　分野：生活巧緻性

〈準備〉　色鉛筆、巾着袋、箸、1cm四方の積み木、お椀

〈問題〉　①問題9の絵に、色鉛筆を使って自由に色を塗ってください。
②巾着袋のひもを蝶結びで結んでください。
③お箸を使って、積み木をつまんでお椀に移してください。

〈時間〉　宜適

〈解答〉　省略

学習のポイント

例年行われている、「生活テスト」です。お箸を使って食事を口に運ぶこと、自分で着替えをすることなど、小学校生活を送るうえで必要となる基本的な生活技術が身に付いているかが観られます。小学校に上がると、自分のことは自分でするのが基本です。本人のためにも、自分の身の回りのことは自分で行う習慣を付けさせましょう。

【おすすめ問題集】
Ｊｒ・ウォッチャー23「切る・塗る・貼る」、実践ゆびさきトレーニング①②③

問題10　分野：集団行動

〈準備〉　ビニールテープ、カゴ、ゴムボール

〈問題〉　ミニゲーム
・２チームに分かれる。
・合図がなったらケンパをして進む。
・先生のところまで進んだら、じゃんけんをする。
・じゃんけんに勝ったらボールを２個、負けたら１個うけ取ってカゴに入れる。

〈時間〉　適宜

〈解答〉　省略

学習のポイント

こういった課題では、どのように競争に勝つのかといった部分も観点の１つと言えますが、大事なことは集団内でのコミュニケーションの取り方です。円滑なコミュニケーションの取り方は、机上の学習ではなかなか身に付けることができません。お子さまはお友だちとの遊びの中で、他者とのかかわり方などを自然と学んでいきま。保護者の方はそのことを考慮して、受験一辺倒になるのではなく、お友だちと遊ぶ時間をできるだけ持てるように心がけてください。

【おすすめ問題集】
Ｊｒ・ウォッチャー28「運動」、新 運動テスト問題集

問題11　分野：保護者面接

〈準備〉　なし

〈問題〉　この問題の絵はありません。

【保護者へ】
・本校を志望した理由は何ですか。
・通学方法と通学時間を教えてください。
・本校に対して、何か希望がございましたら、教えてください。
・どのようなお子さまですか。
・しつけで「これだけはしっかり」ということはありますか。
・幼稚園で、どんなことで褒められましたか。エピソードを聞かせてください。
・休日はどのように過ごされますか
・お子さまは、受験をすることについて理解していますか。

〈時間〉　約15分

〈解答〉　省略

学習のポイント

当校の面接は保護者面接で、試験日前に行われます。面接時間は約15分。当校の面接の特徴としては、お子さまのことを聞かれることはもちろんですが、子どもに関係する時事的な出来事に対する考えなども質問されることです。両親が共通した教育観や倫理観、社会を子どもに示す際の姿勢を持っていることが非常に大切です。それ以外の質問では例年、体験入学などについて聞かれることが多いので、学校行事はかならず参加するようにしましょう。

【おすすめ問題集】
新 小学校面接Q＆A、面接テスト問題集、保護者のための入試面接最強マニュアル

家庭学習のコツ②　「家庭学習ガイド」はママの味方！

問題演習を始める前に、試験の概要をまとめた「家庭学習ガイド（本書カラーページに掲載）」を読みましょう。「家庭学習ガイド」には、応募者数や試験課目の詳細のほか、学習を進める上で重要な情報が掲載されています。それらの情報で入試の傾向をつかみ、学習の方針を立ててから、対策学習を始めてください。

2022年度の過去問題

問題12　分野：図形（回転図形）

〈準 備〉　鉛筆

〈問 題〉　① 上のお約束を見てください。左の絵が模様の上を通ると、お約束の通りに回転します。？のところに入る絵を下から選んで、○をつけてください。
② 上のお約束を見てください。左の絵が模様の上を通ると、お約束の通りに回転します。？のところに入る模様を下から選んで、○をつけてください。

〈時 間〉　各15秒

〈解 答〉　①右端　②真ん中

［2022年度出題］

学習のポイント

当校において図形の問題は例年よく出題されてます。図形を回転させることがイメージできるかどうかが重要です。こういった回転図形の問題は、その絵の特徴を見つけ、それを回転させると解きやすくなります。つまり、絵全体を見るのではなく、回転させることによって、絵の特徴的な箇所がどこに移動するかを見るということです。この問題を例に挙げるなら、バナナの果軸の位置を確認します。最初は果軸が右上にあり、◎で180度回転させると果軸は左下に来ます。★で右に90度回転させると、果軸は左上になり、右端が答えとなります。このようにして類題を繰り返し解いていくことで、自然と絵自体を回転するイメージができるようになります。

【おすすめ問題集】
Ｊｒ・ウォッチャー46「回転図形」

問題13　分野：図形（展開）

〈準備〉　鉛筆

〈問題〉　この問題の絵は縦に使用してください。
左の絵のように、折った紙の一部を切り取って広げました。どのような形になりますか。右の絵から選んで◯をつけてください。

〈時間〉　30秒

〈解答〉　下図参照

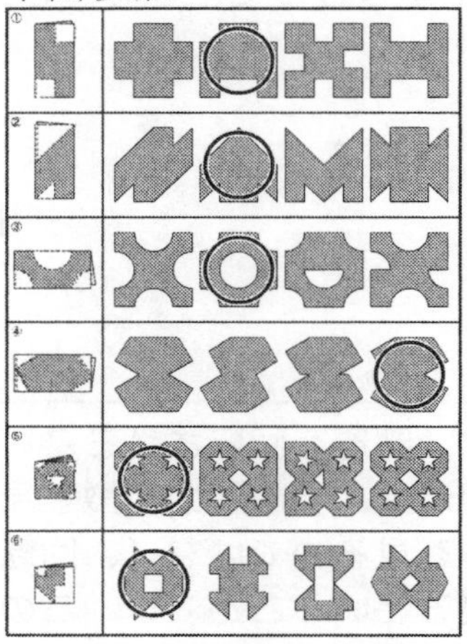

［2022年度出題］

学習のポイント

折った折り紙の一部をハサミで切り取り、広げた時の形を推測する問題です。勉強としてではなく、遊びとして楽しむお子さまもいらっしゃるのではないでしょうか。もちろん、テストでは頭の中だけで折り紙を折ってハサミで切って開いたところをイメージして考えます。四つ折りの問題も出ますので、難しく感じる時は実際に紙を折ってハサミで切ってみてください。切り取った図形を開いて閉じてみると、頭の中でもイメージしやすくなります。

【おすすめ問題集】
Ｊｒ・ウォッチャー5「回転・展開」、8「対称」

問題14　分野：図形（四方からの観察）

〈準備〉　鉛筆

〈問題〉　この問題の絵は縦に使用してください。
左側の絵を見てください。積み木は何個ありますか。その数だけ右の四角に○を書いてください。

〈時間〉　20秒

〈解答〉　下図参照

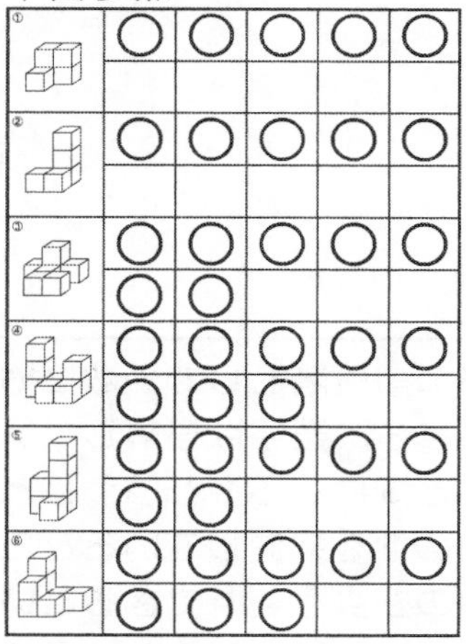

［2022年度出題］

学習のポイント

積み木の数をかぞえる問題はよく出題されています。積み木の数をかぞえる時に、隠れて見えない物、例えば、上にある積み木の下に隠れて見えない積み木、前に並んだ積み木の後ろに隠れて見えない積み木、こうした、見えない部分の積み木を正しく見つけることができる力を養っておくことが大切です。そのためには、具体物を用いて、同じような形を再現してみることで、理解が深まります。ふだんから積み木遊びの機会を設けることで、さまざまな角度から形を見る習慣を身に付けておきましょう。

【おすすめ問題集】
　Ｊｒ・ウォッチャー 10「四方からの観察」、16「積み木」
　53「四方からの観察　積み木編」

家庭学習のコツ③　効果的な学習方法～問題集を通読する

過去問題集を始めるにあたり、いきなり問題に取り組んではいませんか？　それでは本書を有効活用しているとは言えません。まず、保護者の方が、すべてを一通り読み、当校の傾向、ポイント、問題のアドバイスを頭に入れてください。そうすることにより、保護者の方の指導力がアップします。また、日常生活のさまざまなことから、保護者の方自身が「作問」することができるようになっていきます。

問題15　分野：数量

〈準　備〉　鉛筆

〈問　題〉　上の段の絵を見てください。ここにあるお花を、リスくん、サルくん、クマくんの３匹で分けます。真ん中の段の絵のように、それぞれお花を持っていきました。クマくんはお花を何本持っていますか。その数だけ一番下の段の四角に○を書いてください。

〈時　間〉　20秒

〈解　答〉　○３つ

［2022年度出題］

学習のポイント

これは小学校に入学してから学ぶ、足し算・引き算の前段階としての数に対する感覚がそなわっているかを問うためです。本問を例に挙げるなら、数字は理解していなくても感覚的に「５と２をたすと７になる」「10から７を引くと３になる」ということがわかる程度の感覚が求められています。小学校受験では10までの数を把握しているとことが受験に必要とよく言われますが、当校の入試ではひと目で数の多少を判断できるといった段階まで数に対する感覚を持っておく必要があります。この種の問題が苦手ということなら類題に数多くあたりその感覚を深めておきましょう。

【おすすめ問題集】

Ｊｒ・ウォッチャー14「数える」、37「選んで数える」

問題16　分野：推理（条件迷路）

〈準　備〉　鉛筆

〈問　題〉　①（問題16－１の絵を渡す）上の約束を見てください。ワンダが♥♥と進むと、どこに止まりますか。止まるところに○をつけてください。
②（問題16－２の絵を渡す）上の約束を見てください。ワンダが♣♥♣♣と進むと、どこに止まりますか。止まるところに○をつけてください。

〈時　間〉　１分

〈解　答〉　①バラ　②チューリップ

［2022年度出題］

学習のポイント

上の条件を見て、ワンダを移動させる「座標の移動」の問題です。ここで観られているのは、条件をしっかりと理解できているかどうかです。また、制限時間内に回答するためには、記憶力の有無も関係してきます。１つひとつ条件を確かめながら問題を進めていくにあたり、移動した先を見失わないよう、指で押さえるなどして工夫しましょう。こういった問題は、回数をこなすことが効果的です。１つの問題で条件を変える、指示を変えるなどして、類題に慣れておきましょう。

【おすすめ問題集】

ＪＪｒ・ウォッチャー47「座標の移動」

問題17　分野：常識

〈準備〉　鉛筆

〈問題〉　①「ちょうちょ」の歌に出てくるものに○をつけてください。
②しりとりをしたとき、□の絵の次に来るものに○をつけてください。

〈時間〉　各20秒

〈解答〉　①右端　②左から２番目

［2022年度出題］

学習のポイント

今回出題されている問題は、一般常識の問題としてはオーソドックスな問題といえるでしょう。このような一般的な問題は合格するためには確実に正解を得たい問題です。特にコロナ禍の生活を余儀なくされてきたお子さまは、こうした一般常識に関する知識はご家庭を通して習得します。ということは、この問題の解答、得点はそのまま保護者力の差とも言い換えることができます。ご家庭でどのような学習をすればよいのか、今回出題されていた各問題を参考に、類題を作ることが可能です。また、この問題は、仲間集めとして口頭試問でも行うことができます。特別な準備も必要ありませんので、普段の生活の中で、楽しみながら学習経験を積むようにしましょう。

【おすすめ問題集】

Ｊｒ・ウォッチャー28「理科」、55「理科②」

問題18　分野：数量

〈準備〉　鉛筆

〈問題〉　左の絵を見て、後の質問に答えてください。
①サンドイッチとおにぎりは、合わせて何個ありますか。その数だけ右の四角に○を書いてください。
②お花は全部でいくつ咲いていますか。その数だけ右の四角に○を書いてください。
③木の枝にとまっている鳥は、全部で何羽ですか。その数だけ右の四角に○を書いてください。

〈時間〉　各20秒

〈解答〉　①○6つ　②○3つ　③○2つ

［2022年度出題］

学習のポイント

近年頻出となっている、絵を見て解答する類いの問題です。数量の問題では、数を正確にかぞえることができるか、という点が重要となります。本問では数えるものが一カ所にまとまっていたり、元々の数が少なかったりと、難易度は低めです。ただし、本問においては、指示を最後まで聞き理解することができるか、絵をよく観察し、違いに気づくことができるか、といった点も同時に観られています。「指示を最後まで聞き、理解する」という点においては、普段からしっかりと習慣づけるようにしましょう。

【おすすめ問題集】
Ｊｒ・ウォッチャー14「数える」

問題19　分野：口頭試問

〈準備〉　スモック、段ボール（工作用）

〈問題〉　この問題の絵はありません。
※志願者と試験官の1対1で行う。
（質問例）
・プレゼントをもらったことはありますか
・誰から何をもらいましたか。その時、どんな気持ちでしたか。
・誰に何をプレゼントしたいですか。

〈時間〉　適宜

〈解答〉　省略

［2022年度出題］

学習のポイント

テスターとの１対１で行われる口頭試問では、ペーパーテストや志願書類ではわからないお子さまの特徴が観られます。人と接する時の態度やマナー、言葉遣いの中に、家庭での躾の様子だけでなく、ご家庭の教育方針をお子さまを通して学校側は観ています。答える時は単語で返すことのないように、「はい、○○です」など、一旦返事をしてから答えるようにしましょう。また、質問に答えられないときは「わかりません」と答えても問題はありません。「わからないこと」をダメだと思い、無理やり答えて見当違いのことを言ってしまったり、黙ってしまうよりは、しっかりと伝えることが大切です。ただ、当たり前ですが、すぐにわからないと答えずに、一生懸命考えてから答えるようにしましょう。

【おすすめ問題集】

面接テスト問題集、新口頭試問・個別テスト問題集

問題20　分野：生活巧緻性

〈準備〉　色鉛筆、スモック、箸、1cm四方の積み木、お椀

〈問題〉　①問題20の絵に、色鉛筆を使って自由に色を塗ってください。
②スモックのボタンを全て留めて、たたみましょう。
③お箸を使って、積み木をつまんでお椀に移してください。

〈時間〉　宜適

〈解答〉　省略

［2022年度出題］

学習のポイント

事前の説明会で『生活テストは、お箸の使い方・ぞうきん絞り・紐結び・スモック着脱畳・はさみ・折り紙・色塗りの中から数問出します』というお話がありました。今回はその中から色塗りとスモック畳み、お箸の使い方に絞られたようです。前もってのお話があった場合はご家庭でしっかり指導しておけば問題はありません。ただ折り紙の場合は何を折るのかが解りませんので、いろいろな折り方を練習をしておきましょう。

【おすすめ問題集】

Ｊｒ・ウォッチャー25「生活巧緻性」、実践ゆびさきトレーニング①②③

〈帝塚山小学校〉

※問題を始める前に、本書冒頭の「本書ご使用方法」「本書ご使用にあたっての注意点」をご覧ください。
※本校の考査は鉛筆を使用します。間違えた場合は消しゴムで消し、正しい答えを書くよう指導してください。

**保護者の方は、別紙の「家庭学習ガイド」「合格ためのアドバイス」を先にお読みください。
当校の対策および学習を進めていく上で役立つ内容です。ぜひご覧ください。**

2023年度の最新問題

問題21　分野：言語（頭音つなぎ）

〈準備〉　鉛筆

〈問題〉　左の絵の最初の音をつないでできるものを右から選んで○をつけてください。

〈時間〉　各15秒

〈解答〉　下図参照

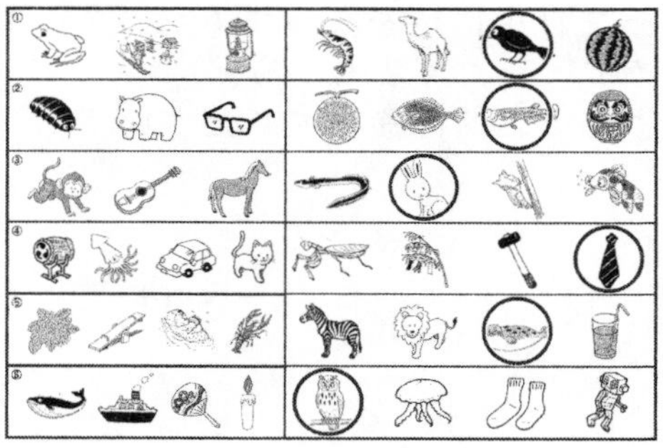

学習のポイント

近年、小学校受験では、このような言葉の音に関する問題の出題が増えています。こうした問題の観点は、語彙力の豊かさです。生活に関する言葉を年齢相応に知っていて、実際にその言葉を使っていなければ、なかなか身につけることができません。しかし、家庭によって生活環境は異なります。例えば、「扇風機」や「こたつ」がないご家庭も最近では多いのではないでしょうか。問題によく登場するものについては、過去問や類題をチェックした上でお子さまの語彙を増やしておきましょう。そういう場合に効率がよいのが言葉遊びです。しりとりや、同頭語、同尾語などを集める、あるいは「ことばカード」をつかったゲームなどでもよいでしょう。「お勉強」という形ではなく、楽しみながら知識を身に付けることで、学習効率を上げることができます。

【おすすめ問題集】
Ｊｒ・ウォッチャー17「言葉の音遊び」、18「いろいろな言葉」、
60「言葉の音（おん）」

問題22　分野：図形（合成）

〈準備〉　鉛筆

〈問題〉　この問題の絵は縦に使用して下さい。
左の図を作るとき、いらないものを右から選んで○をつけてください。

〈時間〉　各20秒

〈解答〉　下図参照

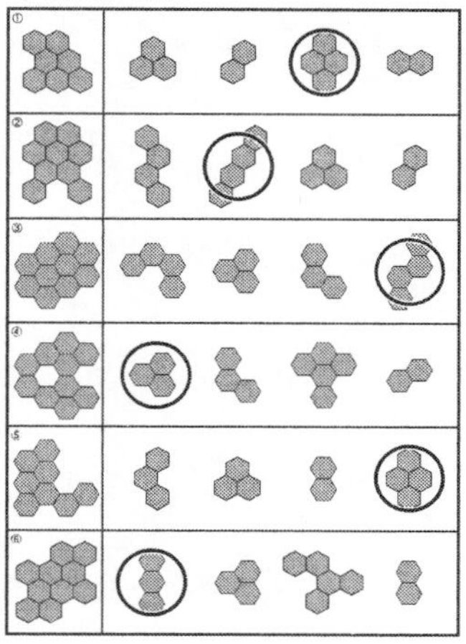

学習のポイント

パズルの問題です。ピース数が多く、後半は選択肢が見本と違う向きで配置されていること、形が複雑なことから、のお子さまにとって、難しい問題となっています。パズルや図形合成の問題を頭の中で考える際は、絵や図形の中の特徴的な部分に注目し、その次にほかのピースを見ていくと解きやすくなります。また、本問の場合は、ピースの数にも着目しましょう。設問①を例に挙げるなら、見本のピースの数は７つ、選択肢にはそれぞれ、３つ、２つ、４つ、２つのピースで構成されたパーツがあります。この中から３つを選んで、ピースの合計が７つになるようにする場合、２＋２＋３＝７となり、４つのピースで構成されたパーツが不要となります。このように、パズルにふだんから親しんでいると、パズルや図形合成への考え方が自然に身に付いていきます。多くの小学校入試の問題を解くために必要となる力は、遊びがベースとなって多くのことが身に付いていきます。できるだけ、さまざまな遊びにふれさせるようにしてください。

【おすすめ問題集】
Ｊｒ・ウォッチャー３「パズル」、９「合成」、54「図形の構成」

問題23　分野：推理（迷路）

〈準備〉　鉛筆

〈問題〉　**この問題の絵は縦に使用して下さい。**
上の絵を見てください。ロケットが地球までたどりつく道を下の３つから選んで、○をつけてください。移動するときは、線の上を通ります。

〈時間〉　各15秒

〈解答〉　下図参照

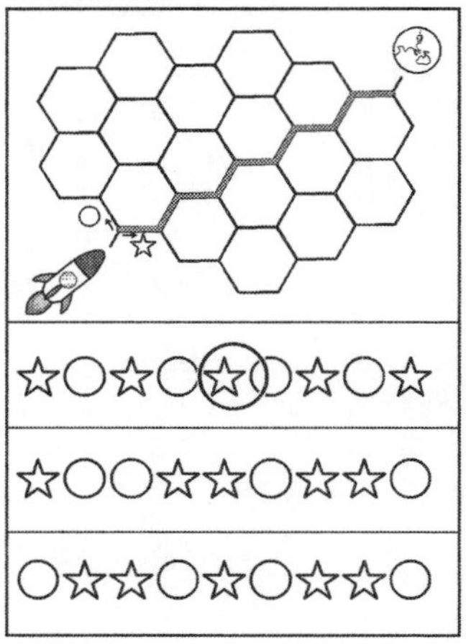

学習のポイント

条件迷路は、系列と同じように、約束に示された規則を迷路の中に見つけてたどっていくものです。小学生向けのパズルブックなどでもよく見かけるものですから、楽しく遊びながら練習できる分野と言えるでしょう。とはいえ、決められた約束の通りに迷路をたどる動作をしなくてはなりませんから、繰り返し出てくる並び順を頭の中に置いて絵を探していくのがコツです。おすすめ問題集を活用して、繰り返し楽しく練習しましょう。

【おすすめ問題集】
　Ｊｒ・ウォッチャー６「系列」、７「迷路」

問題24 分野：四方からの観察

〈準 備〉 鉛筆、白い紙

〈問 題〉 **この問題の絵は縦に使用して下さい。**
左の積み木を上から見ると、どのように見えますか。右から選んで○をつけてください

〈時 間〉 30秒

〈解 答〉 下図参照

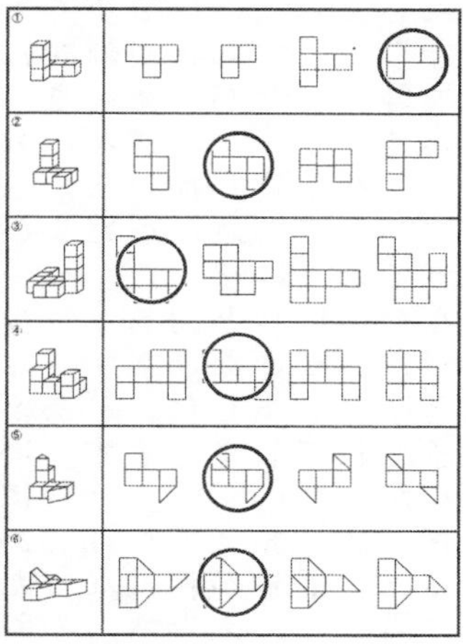

学習のポイント

立体的な形を四方から見るとどう見えるか、といった課題は、積み木を題材にしてよく出題されます。今回はその積み木を真上から見た形を問う内容ですが、お子さまにとって立体的な形を平面的な形で捉えるといったことは、非常に難易度の高い内容です。具体物をつかって状態を再現した後、スマートフォンのカメラ等を使って、真上からや真横などから撮影し、実際に平面的になるとどのような形になるのか、実感させてみると理解しやすいでしょう。このような問題を解く力は、類題を繰り返し解くことによって培われていきます。根気強く取り組みましょう。

【おすすめ問題集】
Ｊｒ・ウォッチャー10「四方からの観察」

問題25　分野：お話の記憶

〈準備〉　鉛筆

〈問題〉　お話を聞いて、後の質問に答えてください。

雨上がりの秋の日、いちかさんは、お友だちのえみさんのお家に遊びに行く約束をしました。えみさんのお家に向かう途中、いちかさんがよく遊ぶ公園を通りかかりました。公園ではいちかさんが大好きな乗り物がゆらゆらと大きく揺れています。少し寄り道したくなりましたが、えみさんが待っているので、いちかさんはまっすぐえみさんのお家に向かうことにしました。少し歩くと、おばあちゃんが花壇を掃除していました。花壇には秋ならではのお花が綺麗に咲いています。いちかさんは、もっと近くで見たいなと思いましたが、えみさんを待たせてはいけないと思い、道を急ぎました。やっとのことで、えみさんのお家が道路の向かい側に見えてきました。車が来ていないことを確認したいちかさんは、急いで道路を渡ろうとします。「こら！」しかしいちかさんは、道路を渡る前に、通りかかったバイクに乗った郵便屋さんに怒られてしまいました。「道路を渡ったら危ないじゃないか。」いちかさんは「ごめんなさい」と謝ると、少し先にある、横断歩道にむかって歩き出しました。横断歩道についたいちかさんは、車が来ていないことを確認して、今度こそと歩き出そうとしました。「あぶないよ！」しかしいちかさんは、隣にいたお姉さんに注意されてしまいます。いちかさんが渡ろうとした横断歩道の信号が、まだ青ではなかったのです。それに気がつかなかったいちかさんは、声を掛けてくれたお姉さんに「教えてくれてありがとうございます。次からは気をつけます。」と伝えると、信号が青になったのを確認して、横断歩道を渡りました。えみさんのお家に着くと、えみさんのお母さんが暖かくて甘い飲み物を用意してくれました。その日いちかさんとえみさんは、お家で楽しく遊びました。

①いちかさんの大好きな乗り物はどれですか。絵の中から選んで、○をつけてください。
②おばあちゃんのお家の花壇には、どんなお花が咲いていましたか。絵の中から選んで、○をつけてください。
③いちかさんが横断歩道ではないところを渡ろうとしたとき、注意してくれた人が乗っていたものと、同じ色の食べ物はどれですか。絵の中から選んで、○をつけてください。
④えみさんのお母さんが用意してくれた飲み物はどれですか。絵の中から選んで、○をつけてください

〈時間〉　各10秒

〈解答〉　①左端（ブランコ）　②右から２番目（コスモス）
③左から２番目（リンゴ）　④左から２番目（ココア）

学習のポイント

当校の「お話の記憶」のお話は、子どもがよく体験する日常のできごとが題材であることから、お子さまにとって聞きやすいものとなっています。お話を聞いて記憶するコツは、登場人物や場面、出てくるものを具体的にイメージしながら聞くことです。主人公になったつもりで聞くことができれば、イメージはより鮮明なものになるでしょう。ふだんの読み聞かせで、絵本だけでなく、絵のない本でも行うことで、想像しながら聞く練習をしてください。また、本問では「公園にある、ゆらゆらと揺れる乗り物」や、「秋ならではのお花」、「暖かくて甘い飲み物」等々、設問に関係するキーワードが直接表現されない、といった点が特徴的です。類題と比較して、よりいっそうイメージする力が試される問題といえます。しっかりと対策をして臨みましょう。

【おすすめ問題集】

1話5分の読み聞かせお話集①・②、お話の記憶 初級編・中級編・上級編、
Ｊｒ・ウォッチャー19「お話の記憶」

問題26 分野：口頭試問

〈準 備〉 色の異なる椅子5つ

〈問 題〉 5人グループで行われる。
色がついた椅子に座って順番を待ち、「黄色い椅子の人、前に来てください」のように、椅子の色で呼ばれる。
・あなたのお名前と、幼稚園の名前を教えてください。
（問題26の絵を見せて）
・この絵を見てお話をしましょう。
・これに名前をつけるとしたら、何がよいですか。
終わったら、元の椅子に座る。

〈時 間〉 適宜

〈解 答〉 省略

学習のポイント

口頭試問の問題には正解がありません。お子さまが発言したことから、答えが自由に広がっていきます。評価の対象となるのは、志願者が複数いる場で自分の意見を積極的に言えるか、他人の意見を聞き答えるというコミュニケーションがとれるか、といった点です。こういった行動観察がさかんに行なわれるのは、入学後の学校生活がスムーズに過ごせるか、集団行動ができるのかということを知りたいからでしょう。これは、学校から見ると学力よりも重大な関心事です。

【おすすめ問題集】

面接テスト問題集、新 口頭試問・個別テスト問題集

問題27　分野：行動観察

〈準　備〉　なし

〈問　題〉　５人程度のグループで行われる。
（問題27の絵を見せて）
この絵を見て、皆で話し合いましょう。

〈時　間〉　適宜

〈解　答〉　省略

学習のポイント

集団での口頭試問では、ほかのお子さまの話に関心を持ち、しっかりと聞けるかどうか、はしゃぎすぎたり目立とうとしすぎたりしないか、といった年齢相応の協調性と、自分の考えを発言する積極性が見られています。引っ込み思案なお子さまでも、がんばって手を挙げられるように練習してみましょう。また、元気なお子さまは、元気すぎて悪目立ちすることのないよう、大声の返事などはせず、はきはきと手を挙げる練習をしましょう。生活習慣や日常動作が身についているかどうかも観られます。

【おすすめ問題集】
　Ｊｒ・ウォッチャー29「行動観察」

問題28　分野：運動（行動観察）

〈準　備〉　体操着、段ボール

〈問　題〉　**この問題の絵はありません。**
５人グループで行われる。
皆で協力して、段ボールを高く積み上げましょう。

〈時　間〉　適宜

〈解　答〉　省略

学習のポイント

この行動観察の課題で観られているのは、お友だちとの協調性です。ダンボールを高く積んでいく時に、集団でしっかりと話し合えるかということを観ています。積極的に自分の意見を主張できることはもちろん大切ですが、お友だちの意見を聞かずに自分の意見を通したり、反対に意見が通らなかったときに不機嫌になるなどの行為は好ましくありません。また、人見知りをするお子さまは無理に意見を言おうとするんｐではなく、お友だちの意見を受け入れ、協力する姿勢で臨むことを心得ましょう。また、課題が終わった後の片付けも重要なポイントです。

【おすすめ問題集】
　新運動テスト問題集、Ｊｒ・ウォッチャー28「運動」29「行動観察」

問題29　分野：運動（行動観察）

〈準 備〉　カラーコーン、ビニールテープ、縄跳び、ボール（試験では玉入れの玉を使用）

〈問 題〉　この問題の絵はありません。

・コーンタッチ
合図が鳴ったら、「やめ」といわれるまで左右に配置されたコーン（間隔約2m）を、タッチしながら走り、往復する。（20秒）

・ケンパ
ビニールテープの印からはみ出ないよう、ケンパで渡る。

・縄跳び
合図が鳴ったら前跳びをする。「やめ」の合図で縄跳びを結ばずに床に置く。（1分）

・ボール投げ
玉入れ用の玉を使用し、的当てをする。

・スキップ
スキップをする。（20秒）

〈時 間〉　適宜

〈解 答〉　省略

学習のポイント

例年行われる運動テストです。それぞれの課題は、年齢相応の運動能力があれば、難しいものではありません。いくつかの項目については、それぞれ「できる」から「できない」までの数段階でチェックされ、その合計点によって評価されるようです。ちろん、取り組む態度以外に待機中の様子も観察の対象です。こうした運動の課題は、運動能力をはかるだけでなく、全体として行動を観察されるものと考えましょう。特に今回の運動テストでは、全体的に持久力を要する課題が多く、「最後まで諦めずに取り組むことができるか」という点が重要視されたようです。

【おすすめ問題集】
新運動テスト問題集、Ｊｒ・ウォッチャー28「運動」29「行動観察」

問題30　分野：保護者面接

〈準 備〉　なし

〈問 題〉　この問題の絵はありません。

（質問例）

【父親への質問】

・志望理由をお聞かせください。
・体験入学や説明会の印象を教えてください。
・体験入学でのお子さまの様子をお聞かせください。
・ホームページのトピックスをご覧になったことはございますか。
・10年後、どのような子どもに育ってほしいですか。
・お子さまは何に興味を持っていますか。
・（上記の質問で「料理」と回答）
　料理をする中で、包丁やフライパンを使うことがあります。今はそのような道具を使用するのは危ない、といった意見もありますが、どのように思われますか。

【母親への質問】

・体験入学や説明会の印象を教えてください。
・今、幼稚園や保育園でお子さまが興味を持っていることはなんですか。
・子育てで大切になさっていることは何ですか
・（上記の質問で「自分から挨拶すること」と回答）
　自分から挨拶できるようになりましたか。
・考査当日、こちらが配慮することはありますか。

〈時 間〉　適宜

〈解 答〉　省略

学習のポイント

当校の面接は、面接官が２名で、約10分間行われました。父親・母親によって質問内容が変わっていますが、それぞれが答える時に、２人に共通する教育観などを学校側に見せられるとよいでしょう。ここでお互いがまったく違う意見を言うと、お子さまについて話し合っていないという印象を与えかねません。質問内容では例年、体験入学や説明会の印象を聞かれることがあるので、必ず参加するようにしましょう。面接の雰囲気ですが、面接官は２人とも質問に対して、メモを細かく取ります。緊張感がありますが、使い慣れた言葉で、落ち着いて回答しましょう。

【おすすめ問題集】

新 小学校受験の入試面接Ｑ＆Ａ、面接最強マニュアル

2022年度の過去問題

問題31　分野：常識

〈準備〉　鉛筆

〈問題〉　絵の中から仲間はずれのものを選んで、○をつけてください。

〈時間〉　15秒

〈解答〉　下図参照

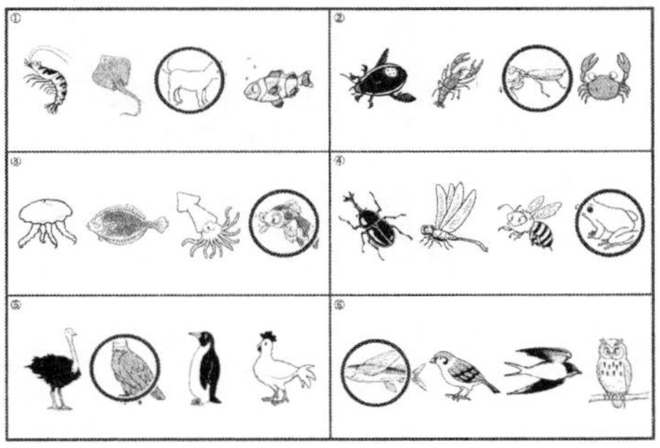

［2022年度出題］

学習のポイント

「仲間はずれさがし」の問題では、年齢相応の知識、道徳観、生活常識を身に付けていることが求められています。ふだんから、身の回りにあるもの、絵本やテレビなどで目にするものについて、名前だけでなく、どのように使うものか、セットで使うものはあるか、何でできているか、どのように数えるかといったこととあわせて覚えるようにしましょう。「なぞなぞ」のような遊びも、ものを別の視点から見る練習になりますので、遊びの一環として親しむとよいでしょう。「常識」は、お子さま自身の実際の体験を通して身に付いていきます。教材や図鑑などで教え込むだけでなく、日常の生活を通して、お子さまがさまざまなことを体験できる機会を設けるようにしましょう。

【おすすめ問題集】

Ｊｒ・ウォッチャー11「いろいろな仲間」

問題32　分野：図形（展開）

〈準備〉　鉛筆

〈問題〉　この問題の絵は縦に使用してください。
左の絵のように、折った紙の一部を切り取って広げたとき、どのような形になりますか。右の絵から選んで○をつけてください。

〈時間〉　20秒

〈解答〉　下図参照

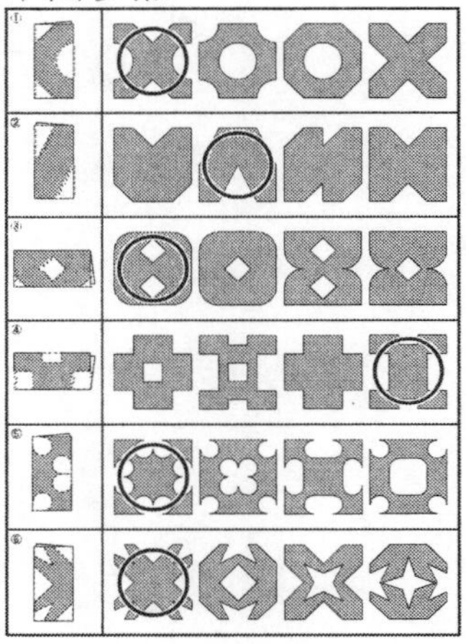

［2022年度出題］

学習のポイント

このような展開図形の問題は、具体物を用いて、実際にやってみせることが効果的です。自らの手で切り取った図形を開いて閉じてみると、頭の中でもイメージしやすくなります。普段の遊びの中に、こういった機会を多く設けることで、自然と力をつけることができます。楽しみながら学習できる類いの問題です。

【おすすめ問題集】
Ｊｒ・ウォッチャー5「回転・展開」、8「対称」

問題33　分野：図形（構成）

〈準備〉　鉛筆

〈問題〉　左の絵を見てください。同じ積み木を使ってできるものを右から選んで、○をつけてください。

〈時間〉　各15秒

〈解答〉　下図参照

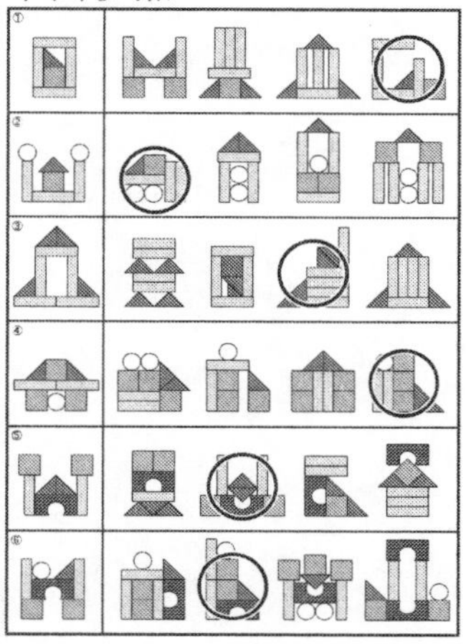

［2022年度出題］

学習のポイント

右側の絵の中から、左の絵と同じ積み木が用いられている物を探す問題です。配置される積み木の角度がそれぞれ変わっているため、間違えないよう、慎重に見極めましょう。慣れない内は、右側の積み木１つ１つに印をつけていくとわかりやすいでしょう。時間がかかっても、着実に理解できるようにしてください。本番の試験では制限時間が設けられています。対策としては、パズルやタングラムが有効でしょう。実際に指を使っていろいろな形を動かしてみることを通し、頭の中だけで解答を導き出せるようにしましょう。日々の遊びの一環として楽しみながら取り組むとよいでしょう。

【おすすめ問題集】

Ｊｒ・ウォッチャー３「パズル」、４「同図形探し」

問題34　分野：数量

〈準備〉　鉛筆

〈問題〉　お家までの帰り道、男の子のお友達に出会ったら、キャンディを1つあげます。おばあさんに出会ったら、キャンディを1つもらえます。お家に帰ったとき、キャンディをいくつ持っているでしょうか。同じ数のサイコロに○をつけてください。

〈時間〉　各20秒

〈解答〉　下図参照

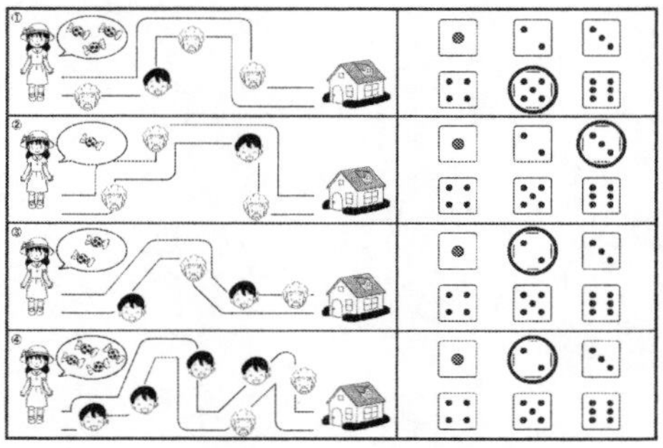

［2022年度出題］

学習のポイント

計数の問題です。数の増減が1のみであること、選択肢が1～6までであることを鑑みると、比較的難易度が低い問題といえます。こうした簡単な問題では気を抜きがちですが、簡単な問題こそしっかりと見直しをして、可能な限りミスを減らせるよう心がけましょう。他の難しい問題が解けたとしても、こういった問題でケアレスミスをしては台無しになってしまいます。どんな問題でも最後まで集中して取り組みましょう。

【おすすめ問題集】

Ｊｒ・ウォッチャー38「たし算・ひき算１」、39「たし算・ひき算２」

問題35　分野：お話の記憶

〈準備〉　鉛筆

〈問題〉　お話を聞いて、後の質問に答えてください。

太陽が一番元気な季節、楽しみにしていた、長い長いお休みが始まりました。みなとくんは家族皆で、おじいちゃんのお家へ遊びに行きます。おじいちゃんのお家は、遠い山のふもとにあります。みなとくんたちは、最初に長い乗り物、次に空飛ぶ乗り物、最後に四角い乗り物に乗って、おじいちゃんのお家に向かいました。到着すると、おじいちゃんは笑顔で迎えてくれました。「前に会ったときよりもお兄さんになって、かっこよくなったな。」おじいちゃんがそう言ってくれたので、みなとくんはうれしくなりました。おじいちゃんと楽しくお話しした後、みなとくんはお庭にカブトムシをつかまえに行きました。しかし、探しても探しても、カブトムシは出てきません。おなかがすいたみなとくんは、おじいちゃんのお家に戻ることにしました。お家に戻ると、おじいちゃんが畑でとれた野菜を洗って待っていてくれました。「さっき取ってきたばかりの野菜だよ。新鮮でおいしいから、みなとくんも１つお食べ。」そう言っておじいちゃんは、カッパの大好物で、触るとトゲトゲしている野菜を、みなとくんに差し出しました。みなとくんは、この野菜が少しだけ苦手で、ご飯の時はいつも残してしまいます。しかし、大好きなおじいちゃんからもらったものなので、みなとくんは頑張って食べてみることにしました。おそるおそる食べてみると、野菜はおじいちゃんの言ったとおり、新鮮でとてもおいしく、みなとくんはあっという間に全部食べてしまいました。「これ、すっごくおいしい。」そう言うとおじいちゃんは「たくさんあるから、好きなだけお食べ。」と言ってくれました。野菜を食べ終わった後、みなとくんは近くの川へ、水遊びをしに行きました。楽しく遊んでいると、時間はあっという間に過ぎ、辺りが暗くなり始めました。帰ろうとしたその時、近くの木に、大きなカブトムシがとまっているのを発見します。みなとくんはカブトムシをつかまえると、大喜びでおじいちゃんのお家へ帰りました。「おじいちゃん見て、カブトムシつかまえたよ。」お家へ帰ると、みなとくんは早速、つかまえたカブトムシをおじいちゃんに自慢します。「これは大きいなぁ。」そう言っておじいちゃんは驚きました。そして、にやりと笑うと「じいちゃんも大きいの採ってきたぞ。」そう言っておじいちゃんは、台所から見たことも無いような、大きなしま模様の果物を持ってきました。「大きい！」みなとくんは目を丸くして驚きます。「今切り分けるから、皆を呼んでおいで。」「わかった！」みなとくんは元気よく返事をすると、皆を呼びに行きました。

①みなとくんたちがおじいちゃんのお家に向かう時、２番目に乗った乗り物に、〇をつけてください。
②みなとくんが苦手な野菜と同じ色のものに、〇をつけてください。
③みなとくんが嫌いな野菜と同じ季節のものに、〇をつけてください。
④おじいちゃんが採ってきた果物に、〇をつけてください。

〈時間〉　各10秒

〈解答〉　①右から２番目（飛行機）　②右端（ピーマン）
③左端（ヒマワリ）　④左端（スイカ）

［2022年度出題］

学習のポイント

長いお話は、自分が主人公になったつもりで、お話の中の情景を思い浮かべながら聞いていると、お話も記憶しやすくなるでしょう。日頃から読み聞かせをするときは、短い質問を繰り返しながら答えを導き出し、徐々にお話の聞き取りに慣れていくでしょう。お話の聞き方を身に付けた後は、お子さまから保護者の方に問題を出してもらう、あるいはお子さまにお話の続きを考えてもらうといった「応用」の学習をしてみるのもよいでしょう。学習に飽きることなく、どんなお話でも対応できる柔軟性が身に付きます。また、この問題では、季節や自然に関する常識も含まれています。野菜・果物、天候・行事などの基本的なものは知識として押さえておきましょう。

【おすすめ問題集】
　１話５分の読み聞かせお話集①②、　お話の記憶 初級編・中級編、
　Ｊｒ・ウォッチャー19「お話の記憶」

問題36　分野：口頭試問

〈準備〉　異なる色の椅子５つ

〈問題〉　5人グループで行われる。
色がついた椅子に座って順番を待ち、「黄色い椅子の人、前に来てください」のように、椅子の色で呼ばれる。
・あなたのお名前と、幼稚園を教えてください。
（問題36の絵を見せて）
・この絵の面白いところをお話ししましょう。
・この乗り物に名前をつけるとしたら、何がよいと思いますか。
終わったら、元の椅子に座る。

〈時間〉　適宜

〈解答〉　省略

［2022年度出題］

学習のポイント

当校の口頭試問のうち、担当者と１対１の口頭試問では、名前や年齢、家族についてなど、基本的な受け答えの様子を見ます。そして絵を見ながら、感じたことや考えたことを話す、という順番になります。学校は家での躾や大人と話す時の態度を、話の様子を通して見ています。しっかりと返事をすることや、相手の目を見て話すこと、慌てずに落ち着いて話すことが大切です。自分の感じたことや考えたことを質問することは学校側が発表していることです。事前に準備された答えではなく、自分の言葉で表現できるよう、日頃から言葉で表す機会を積極的に作っていくとよいでしょう。

【おすすめ問題集】
　面接テスト問題集、新 口頭試問・個別テスト問題集

問題37　分野：行動観察

〈準 備〉　なし

〈問 題〉　５人程度のグループで行われる。
（問題37の絵を見せて）
・悪い子は誰ですか。挙手して発表しましょう。
・あなたならどの遊びをしたいですか。挙手して発表しましょう。

〈時 間〉　適宜

〈解 答〉　省略

［2022年度出題］

学習のポイント

集団での口頭試問では、ほかのお子さまの話をきちんと聞けるか、はしゃぎすぎたり目立とうとしすぎたりしないか、といった年齢相応のマナー、協調性と、自分の考えを発言する積極性が観られています。引っ込み思案のお子さまでも、がんばって手を挙げられるように練習してみましょう。また、元気なお子さまは、元気すぎて悪目立ちすることのないように注意しましょう。また、このテストの中で、生活習慣や日常動作が身についているかどうかも観られます。集団だからといって気を緩めず、きちんとした姿勢で、まじめに受け答えすることが大切です。

【おすすめ問題集】
　Ｊｒ・ウォッチャー29「行動観察」

問題38　分野：行動観察

〈準 備〉　巾着袋、弁当箱、カトラリーケース、布巾、箸、スプーン、フォーク、
片付け用のカゴ、色水の入ったペットボトル、輪投げ用の輪、ビニールテープ

〈問 題〉　この問題の絵はありません。
弁当の準備、片付け
（巾着袋の中にカトラリーケース、布巾、箸、スプーン、フォークを入れておく。）
・巾着袋の中に入っているものを使って、お弁当を食べる準備をしましょう。
・マスクを外さずに、食べるまねをしましょう。
・弁当箱はカゴの中に入れて、他のものは元通りに片付けましょう。

輪投げ
（５人同時に行う）
・ビニールテープの線の後ろから色水の入ったペットボトルに、「やめ」といわれるまで輪を投げましょう。
（ビニールテープからペットボトルまでの距離は約２メートル）
・輪が無くなったら拾いに行き、線まで戻って投げましょう。

〈時 間〉　適宜

〈解 答〉　省略

［2022年度出題］

学習のポイント

行動観察の課題では、お子さまが年齢相応の規範意識や生活技術を身に付けているか、集団生活に適応できるかが観られます。騒いだりふざけたりして規律を乱したり、わがままを言って周囲を困らせたりということがなければ、特に問題となることはないでしょう。まずは先生の指示を聞き、何をすべきかを理解してきちんと取り組めるようにしましょう。片付けもお友だちと協力して行いましょう。そのうえで、困っているお友だちや参加できずにいるお友だちに気を配ることができれば、評価は高まるでしょう。こうしたことは、試験前に付け焼き刃的な練習で身に付くものではありません。ふだんから意識して、家庭での生活やお友だちとの遊びの時間を通して、徐々に身に付けさせていってください。

【おすすめ問題集】
新運動テスト問題集、Ｊｒ・ウォッチャー28「運動」29「行動観察」

問題39　分野：運動

〈準 備〉　カラーコーン、ビニールテープ（茶色、白）、縄跳び、玉入れ用の玉

〈問 題〉　この問題の絵はありません。

・コーンタッチ
合図が鳴ったら、「やめ」といわれるまで左右に配置されたコーン（間隔約２m）を、タッチしながら走り、往復する。（20秒）

・ケンパ
ビニールテープの印からはみ出ないよう、ケンパで渡る。茶色い印には左足を、白い印には右足を入れる。

・縄跳び
合図が鳴ったら前跳びをする。「やめ」の合図で縄跳びを結ばずに床に置く。（1分）

・ボール投げ
玉入れ用の玉をできるだけ遠くまで投げる。１人２球。

〈時 間〉　適宜

〈解 答〉　省略

［2022年度出題］

学習のポイント

当校の運動テストは例年大きな変化はありません。それぞれの課題は、年齢相応の運動能力があれば、それほど難しいものではないでしょう。評価の仕方は１つひとつの運動にそれぞれ「できる」「できない」というチェックがされるようです。とはいえ、運動能力だけでなく、待機中の様子や取り組む態度・姿勢も評価の対象です。説明会では、「表情よく、活き活きと取り組むこと」という説明をされることからもそのことがうかがえます。たとえ課題ができなかったとしても、あきらめずに意欲的に取り組む姿勢を見せることで評価を得ることができます。

【おすすめ問題集】
新運動テスト問題集、Ｊｒ・ウォッチャー28「運動」29「行動観察」

問題40　分野：面接

〈準備〉　なし

〈問題〉　**この問題の絵はありません。**

（質問例）

【父親への質問】

・志望理由をお聞かせください。
・体験入学や説明会の印象を教えてください。
・体験入学でのお子さまの様子をお聞かせください。
・小学校に望むことは何ですか。
・10年後、どのような子どもに育ってほしいですか。
・お子さまは何に興味を持っていますか。

【母親への質問】

・体験入学や説明会の印象を教えてください。
・公開授業で印象に残っている授業は何ですか。
・今、幼稚園や保育園でお子さまが興味を持っていることはなんですか。
・子育てで大切になさっていることは何ですか
・考査当日、こちらが配慮することはありますか。

〈時間〉　適宜

〈解答〉　省略

［2022年度出題］

学習のポイント

当校の面接は、面接官が２名で、約10分間行われました。父親・母親によって質問内容が変わっていますが、それぞれが答える時に、２人に共通する教育観などを学校側に見せられるとよいでしょう。ここでお互いがまったく違う意見を言うと、お子さまについて話し合っていないという印象を与えかねません。質問内容では例年、体験入学や説明会の印象を聞かれることがあるので、必ず参加するようにしましょう。面接の雰囲気ですが、面接官は２人とも質問に対して、メモを細かく取ります。何を書かれているかわからないという緊張感がありますが、良く観られようと、付け焼き刃的に身に付けた難しい言葉で答えずに、使い慣れた自分の言葉で答えましょう。

【おすすめ問題集】

新 小学校受験の入試面接Ｑ＆Ａ、面接最強マニュアル

問題 1

①

②

③

日本学習図書株式会社

☆近畿大学附属小学校

問題２

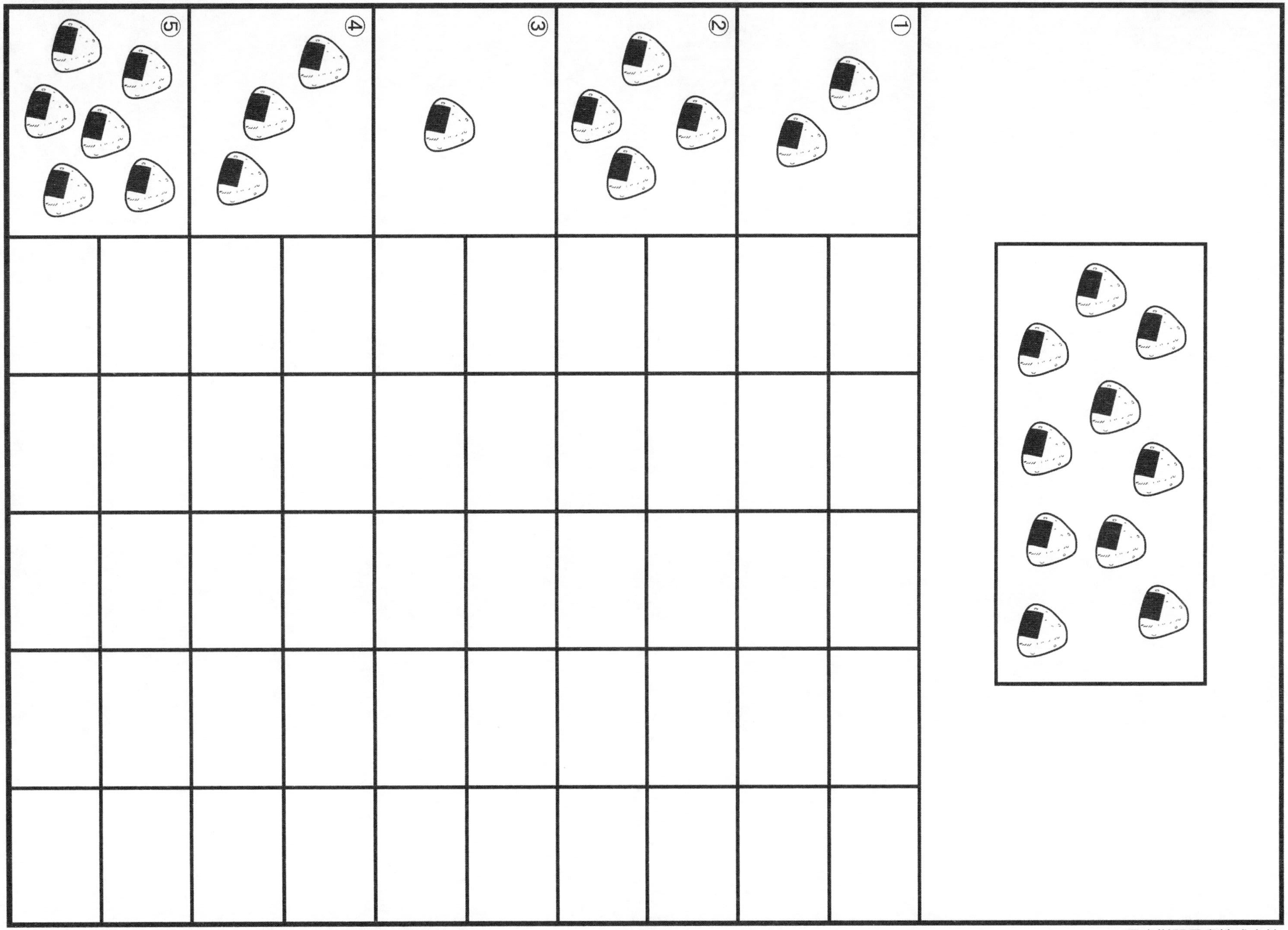

　

日本学習図書株式会社

問題 3－1

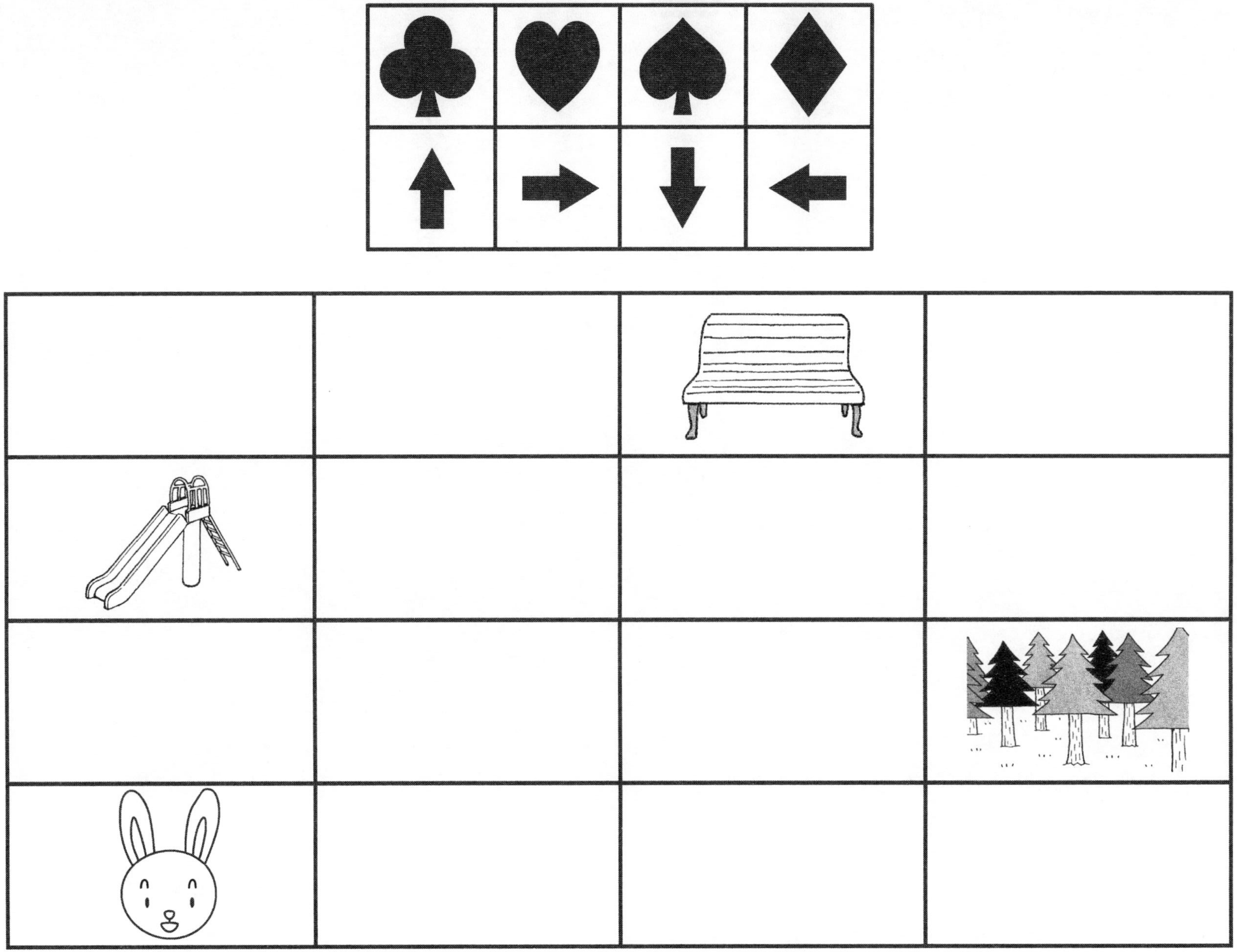

☆近畿大学附属小学校

問題3－2

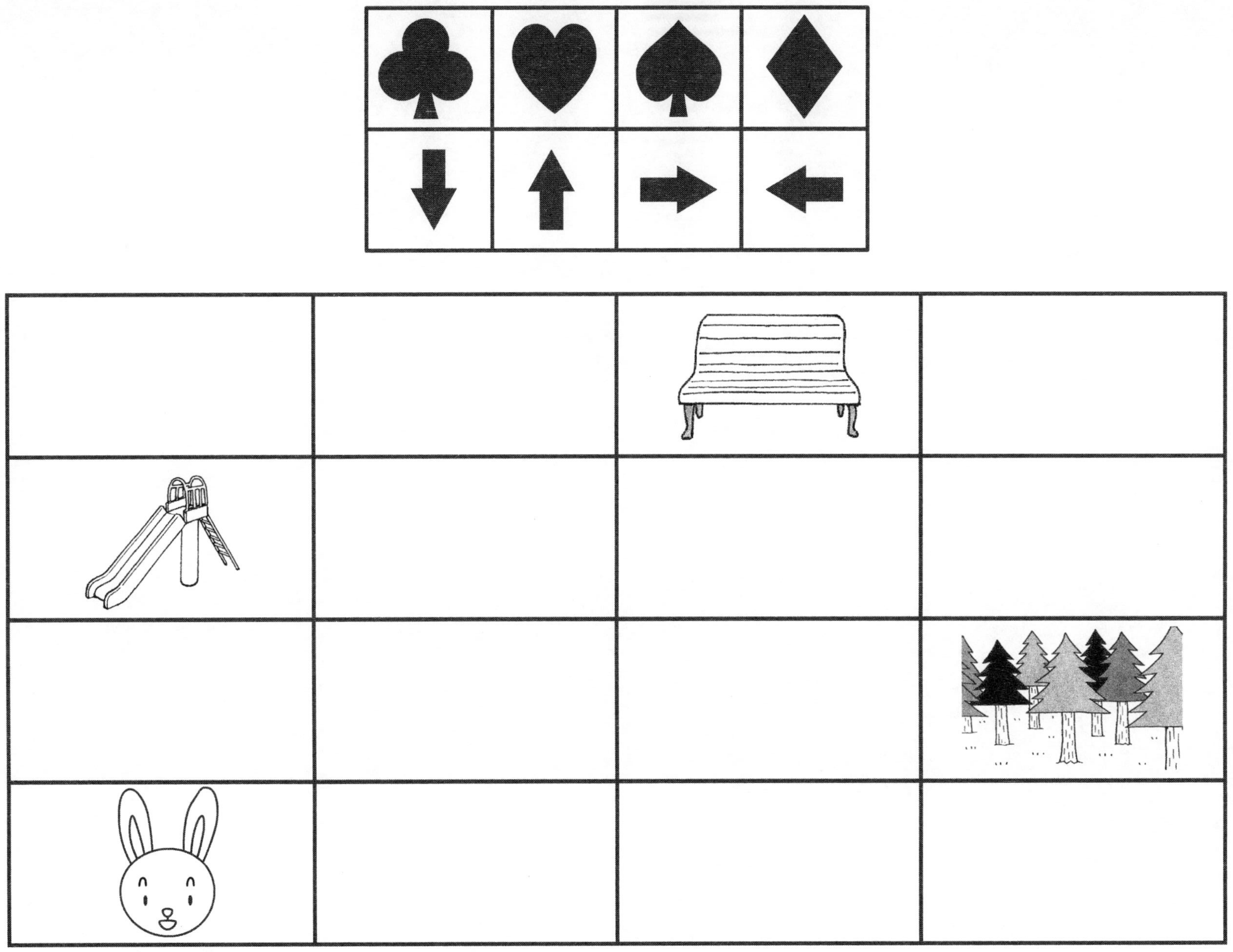

問題３－３

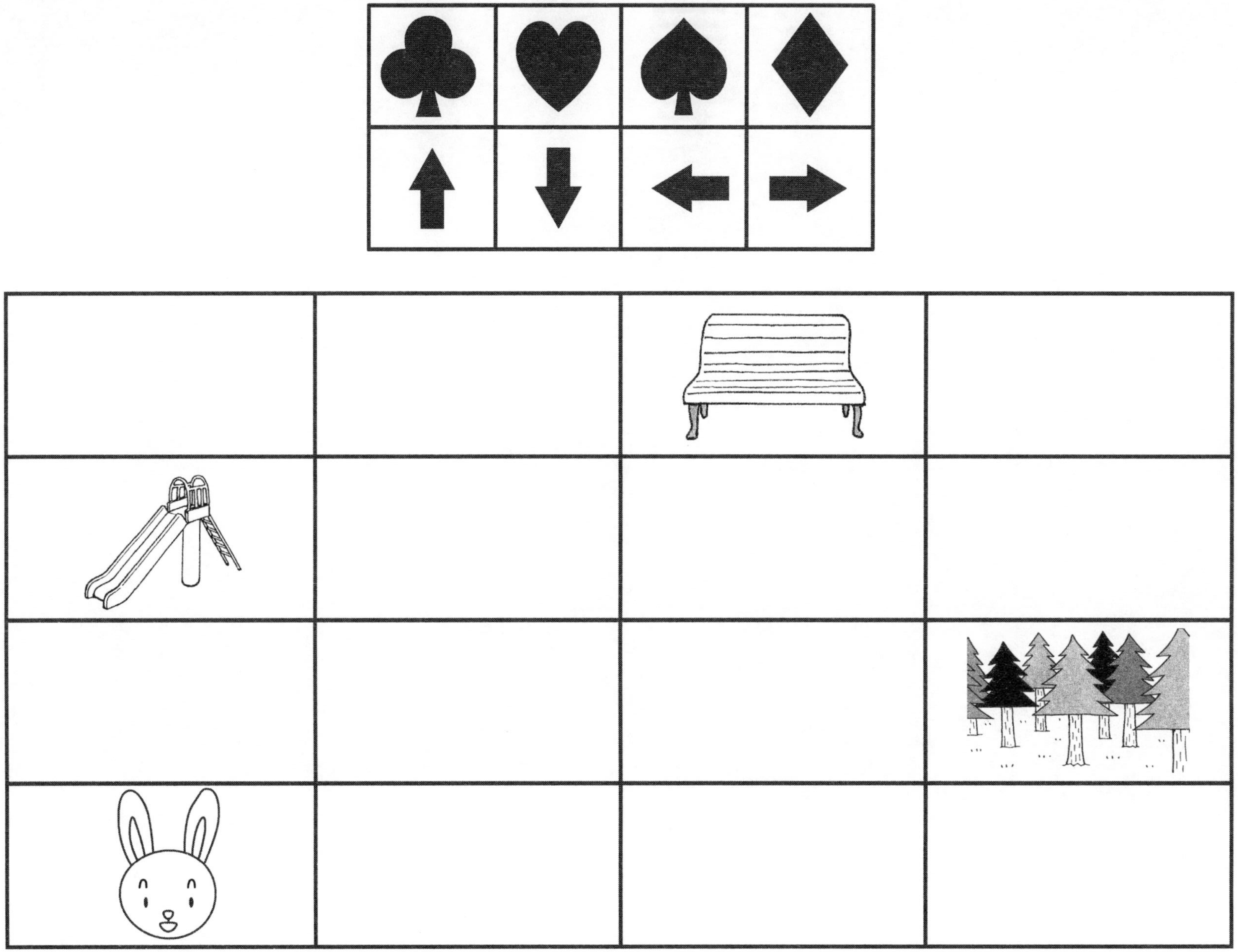

☆近畿大学附属小学校

問題4

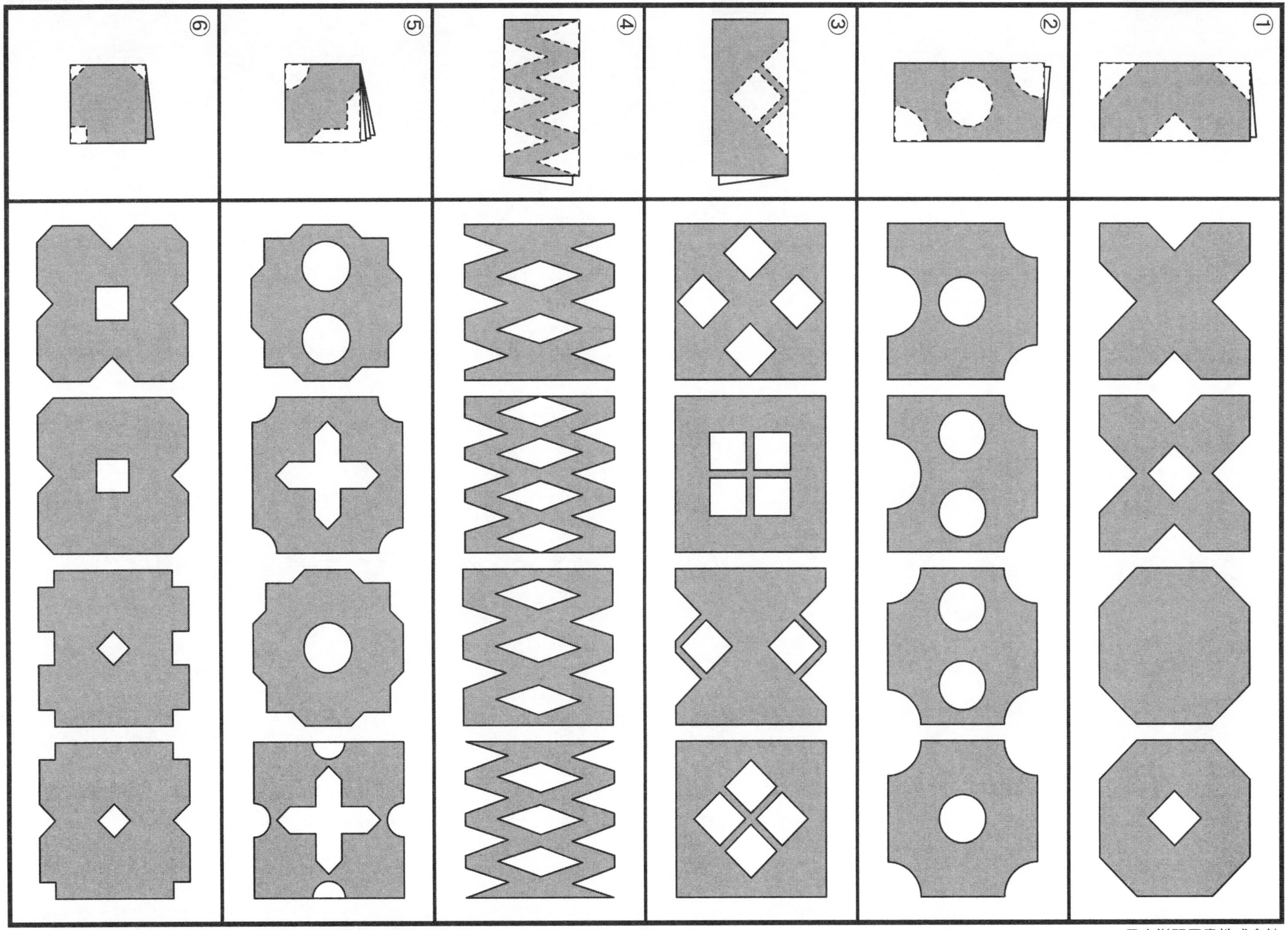

☆近畿大学附属小学校

問題5

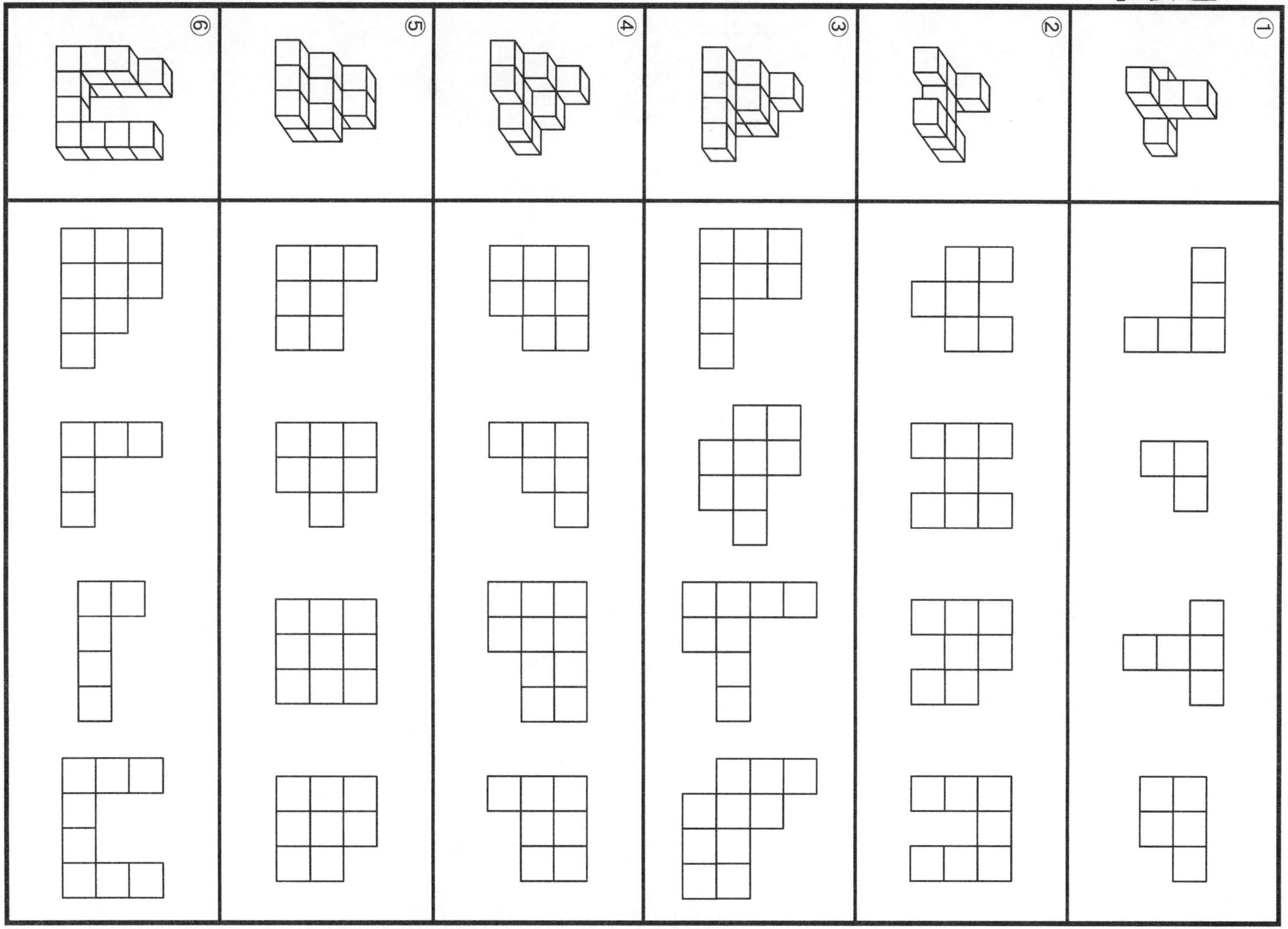

問題6

①

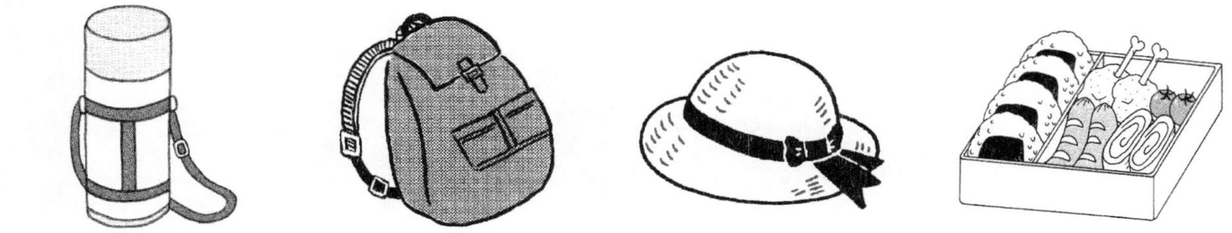

②

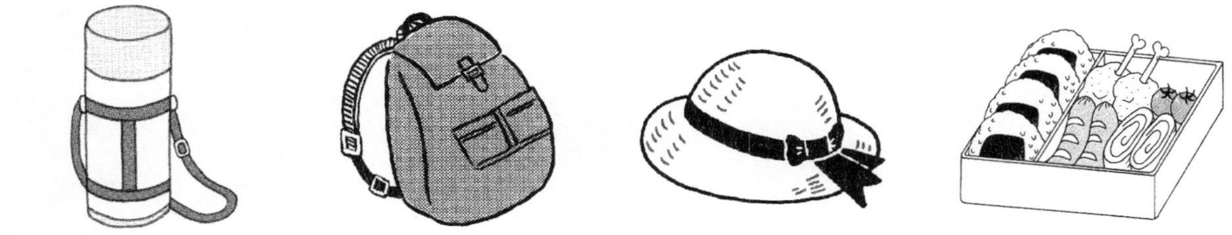

③

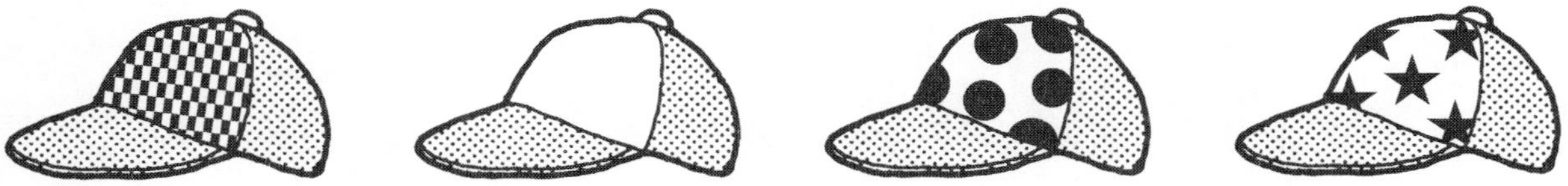

④

⑤

☆近畿大学附属小学校

日本学習図書株式会社

①②2024年度　近畿大附属・帝塚山小　過去　無断複製／転載を禁ずる　日本学習図書株式会社

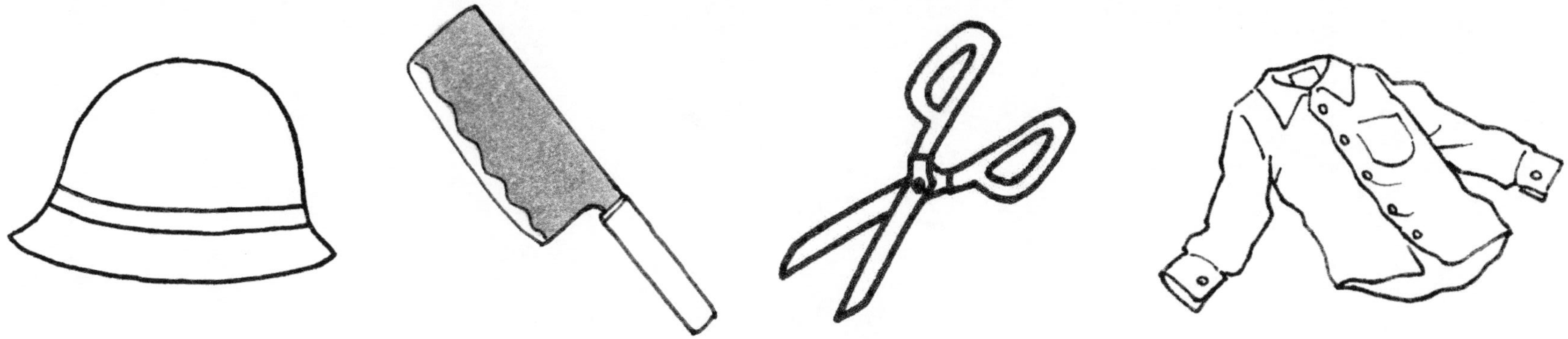

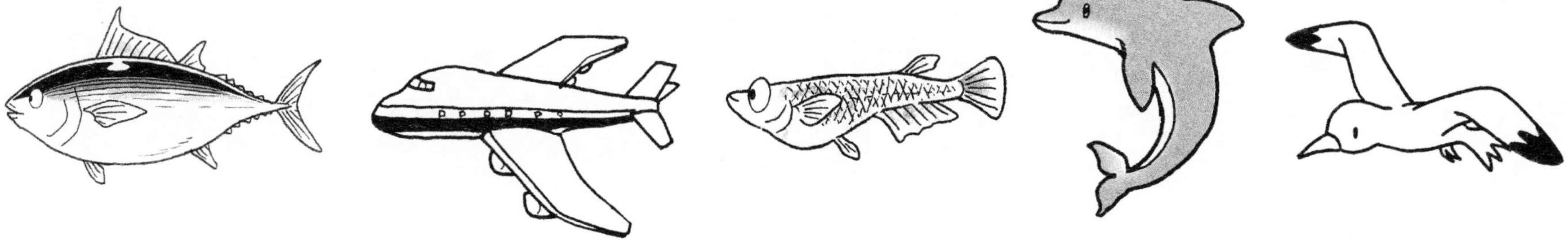

問題9

☆近畿大学附属小学校

問題１２

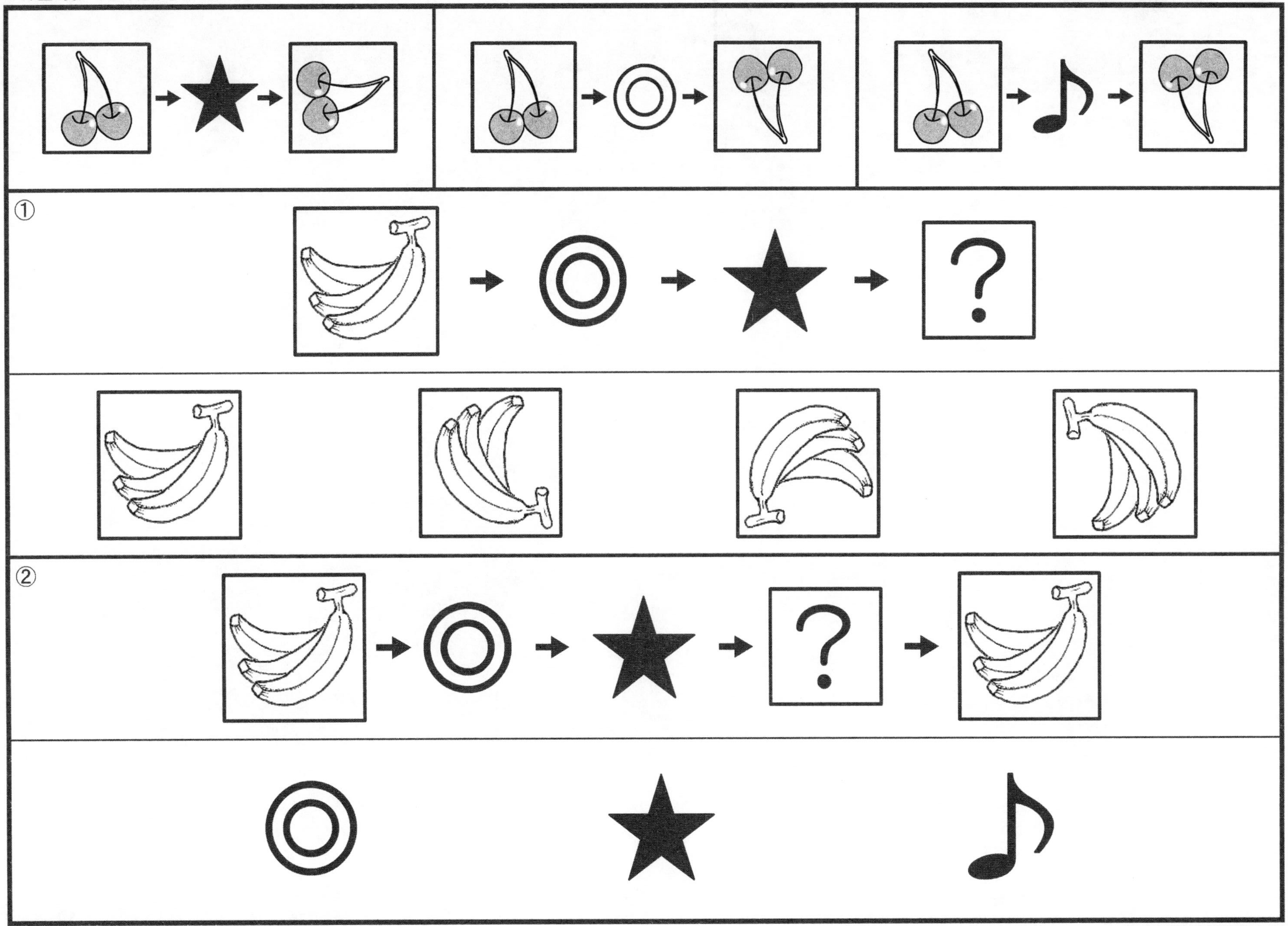

問題１３

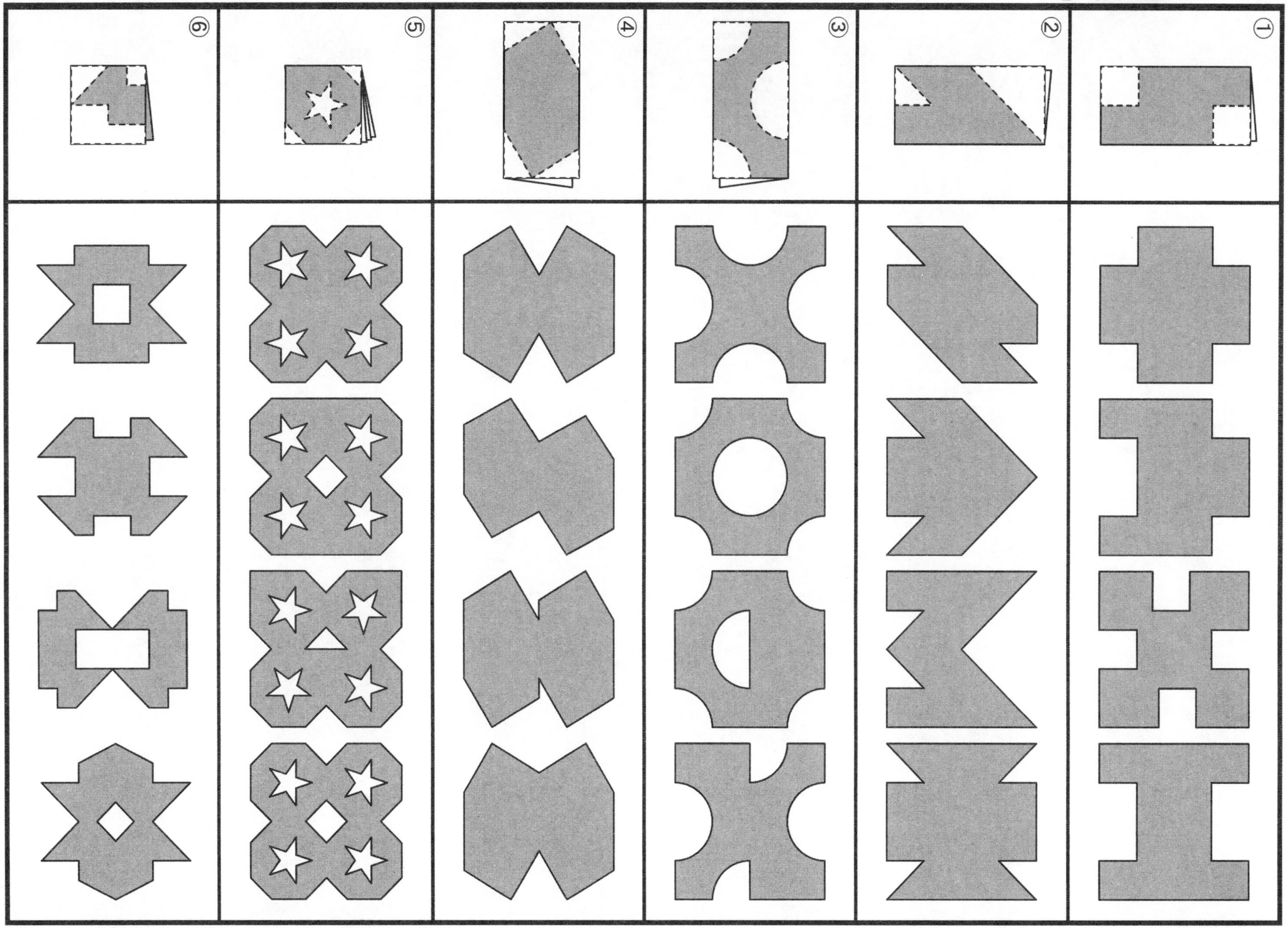

問題１４

①

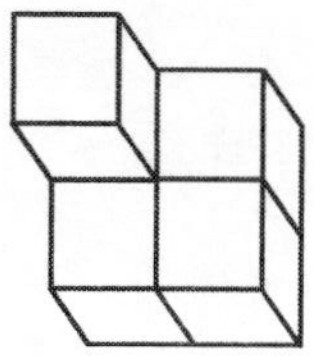

②

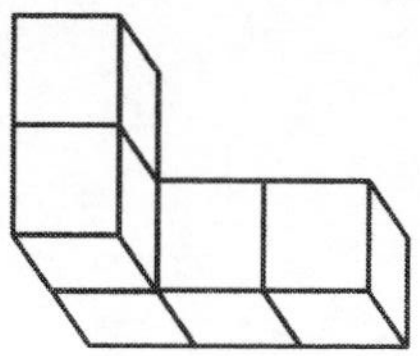

③

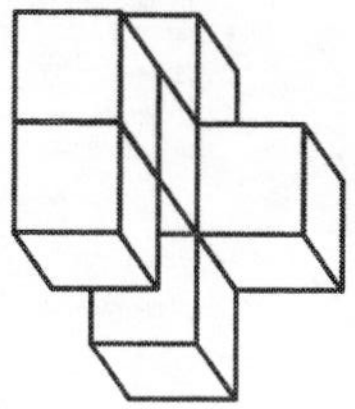

④

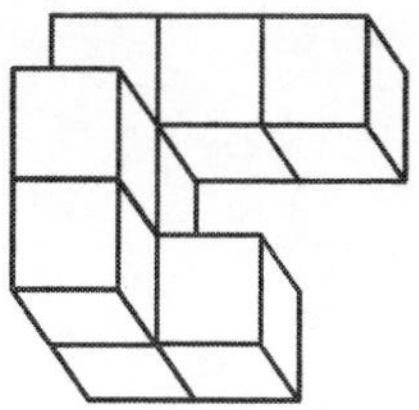

⑤

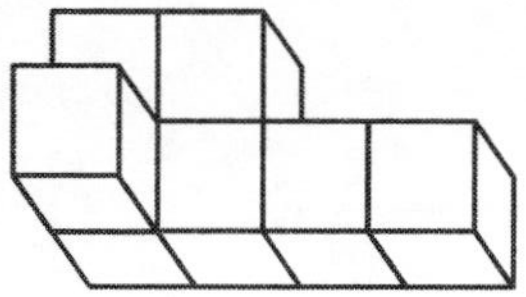

⑥

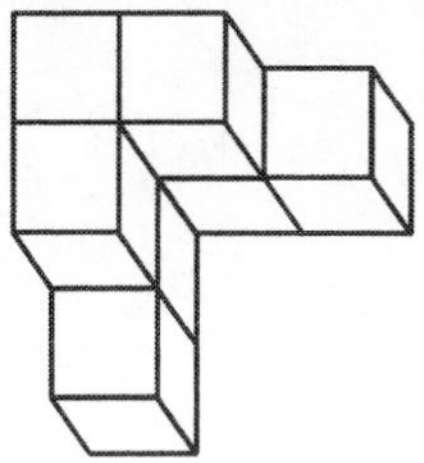

日本学習図書株式会社

☆近畿大学附属小学校

2024 年度　近畿大附属・帝塚山小　過去　無断複製/転載を禁ずる　　日本学習図書株式会社

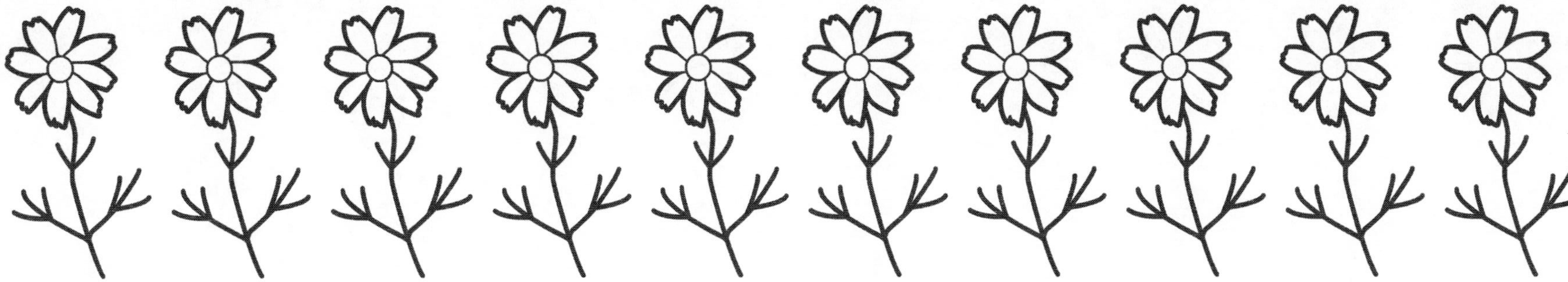

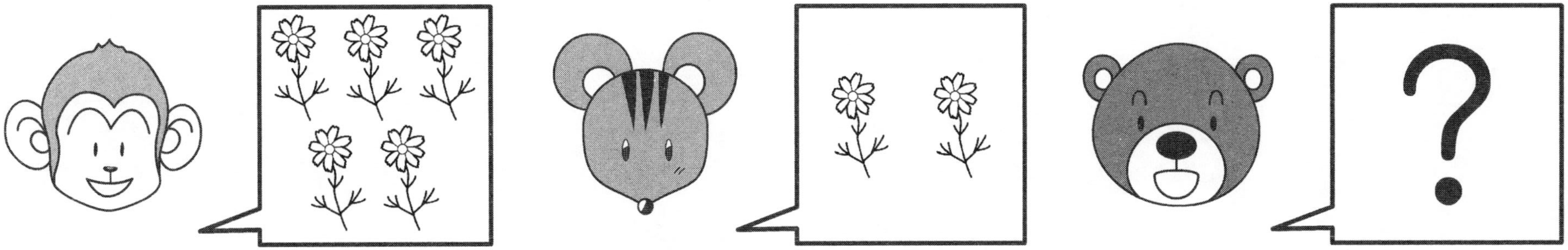

☆近畿大学附属小学校

問題１６－１

♣	♥	♠	♦
←	↑	→	↓

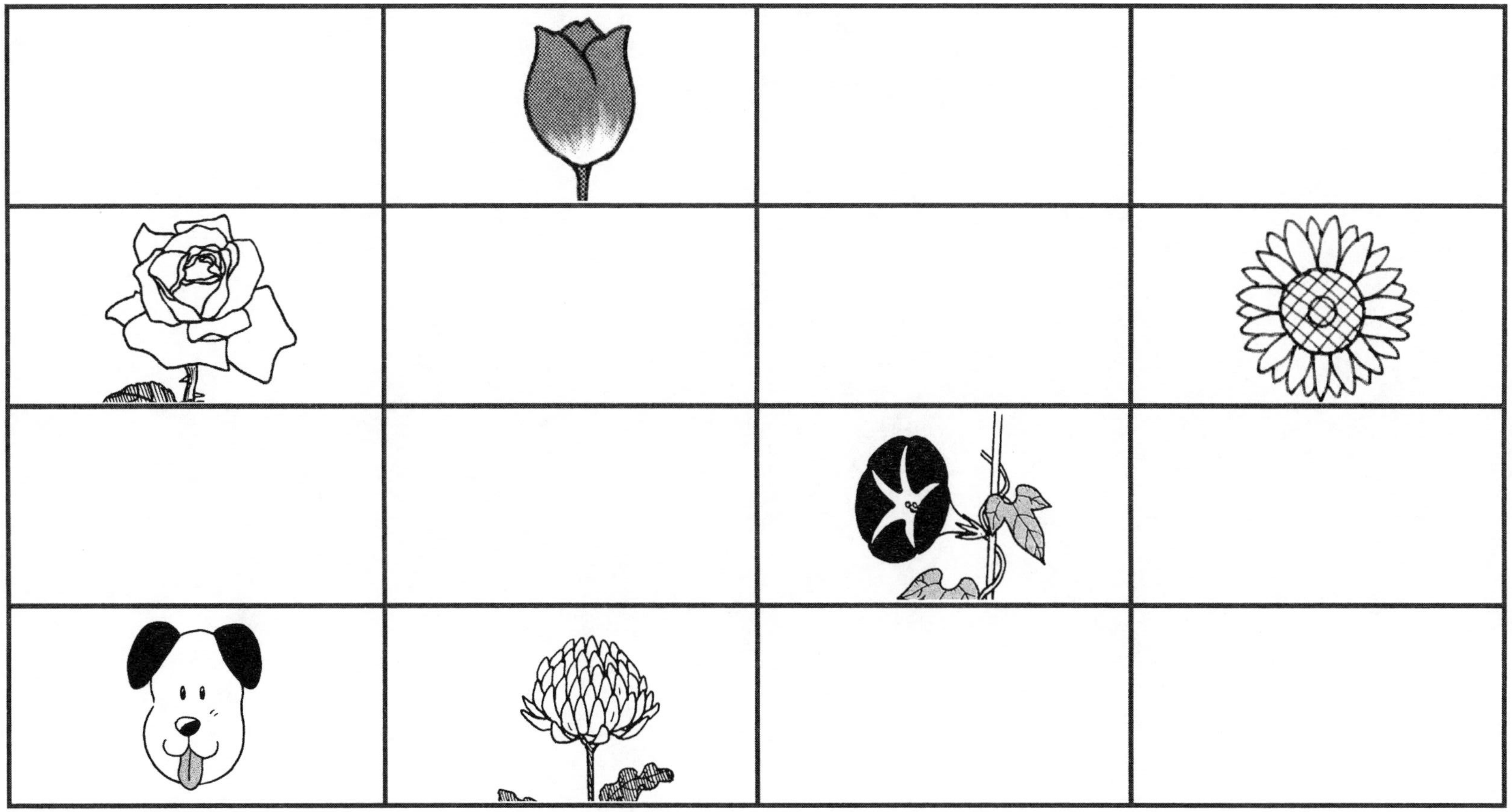

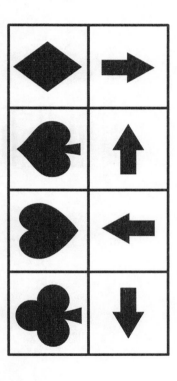

☆近畿大学附属小学校

問題１６－２

♣	♥	♠	♦
↑	→	↓	←

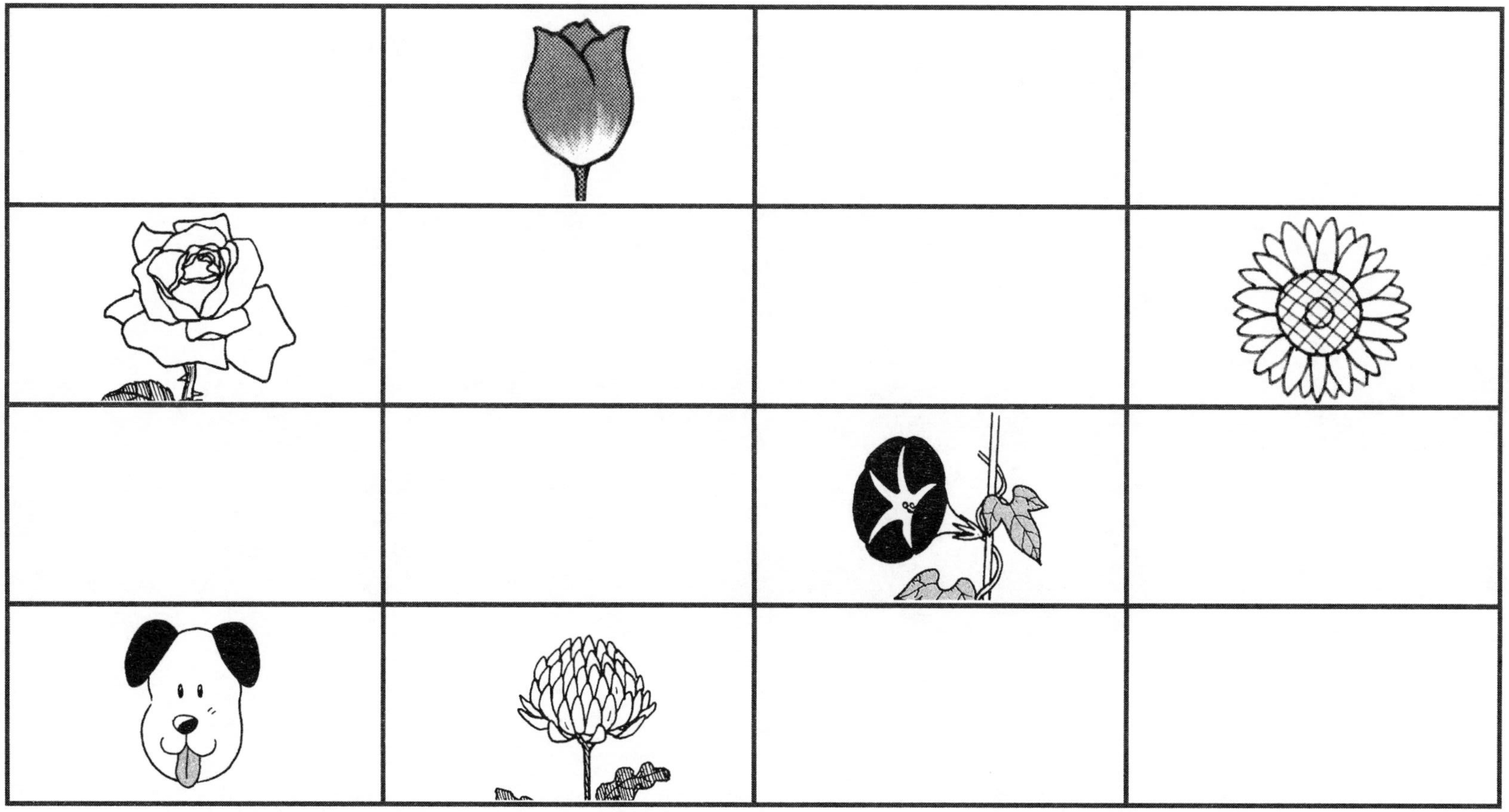

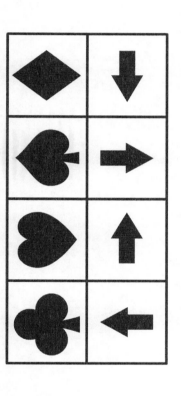

①

②

日本学習図書株式会社

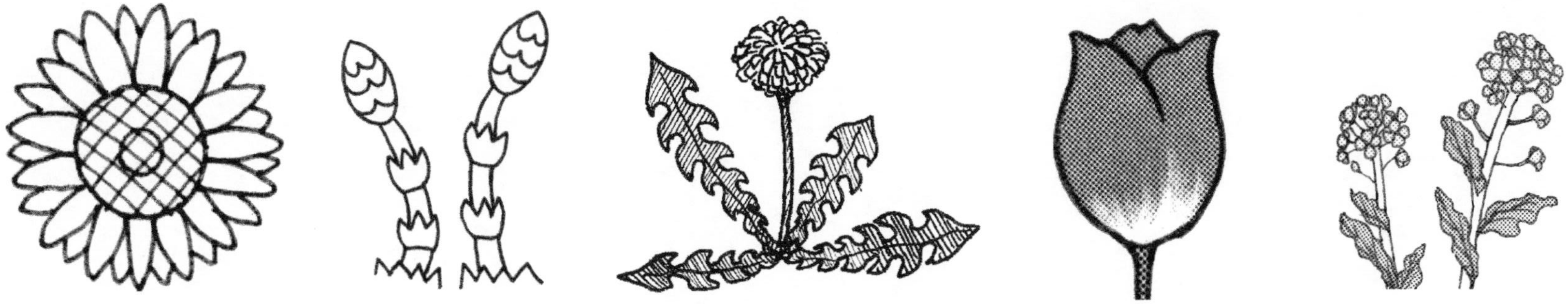

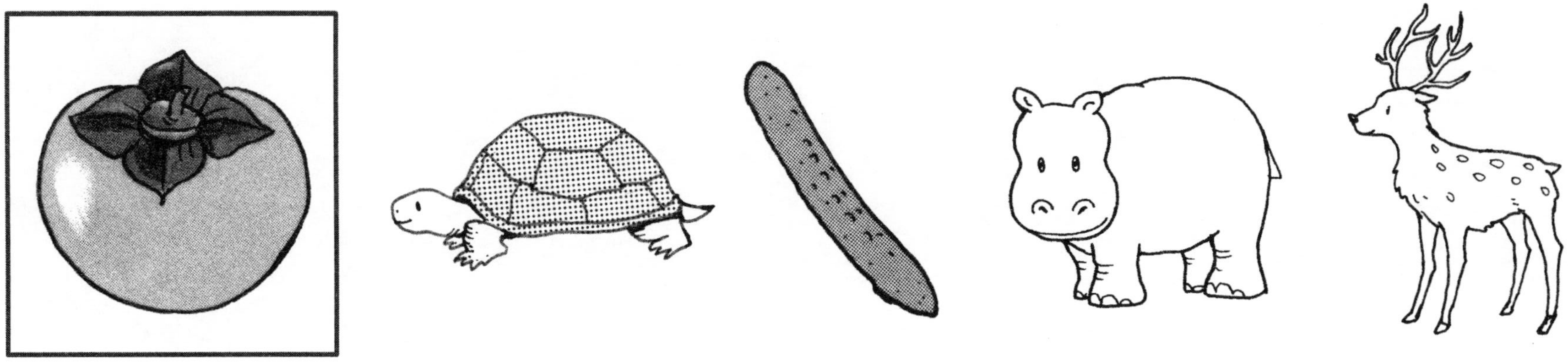

問題18

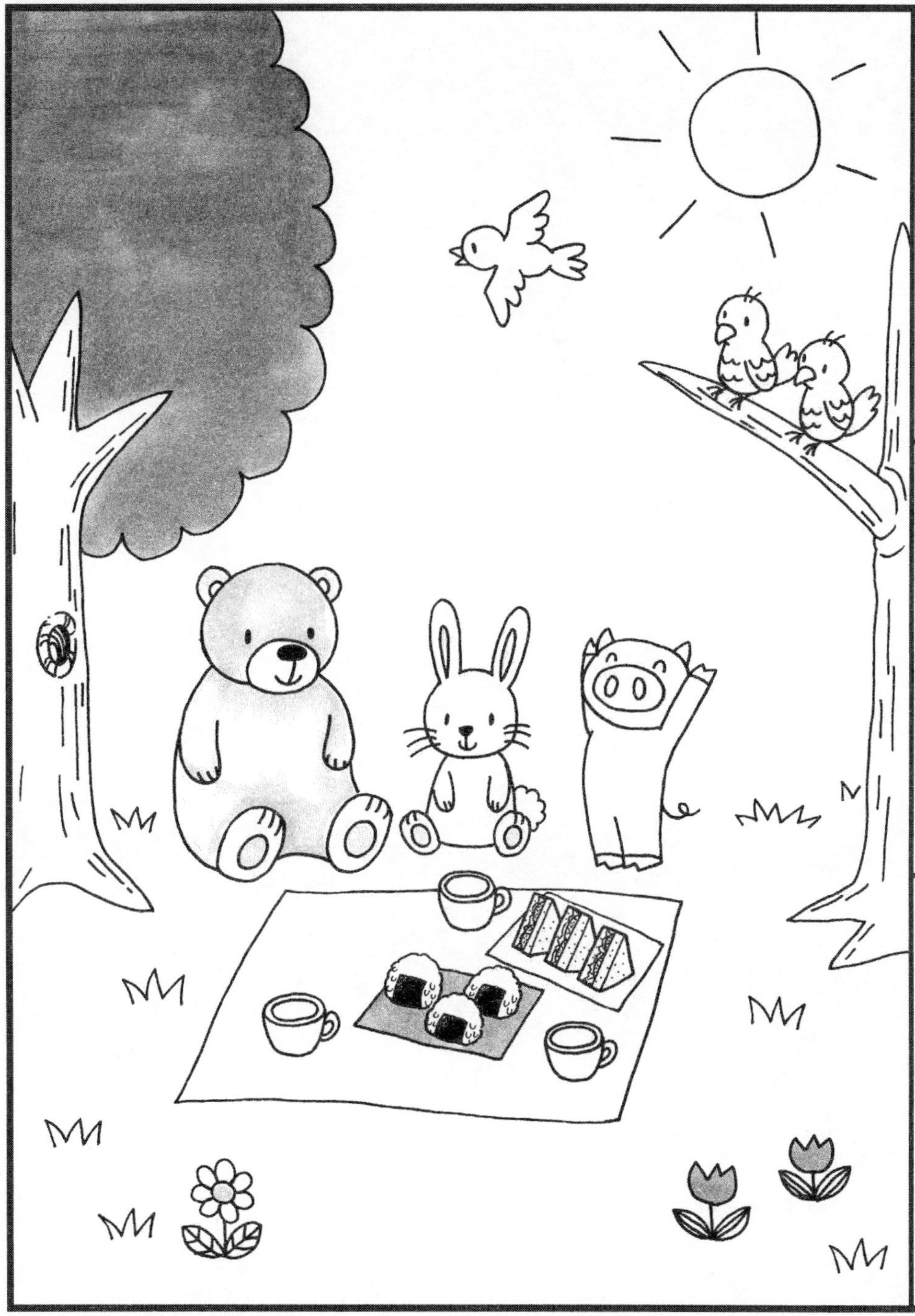

①
②
③

問題２０

☆帝塚山小学校

問題２１

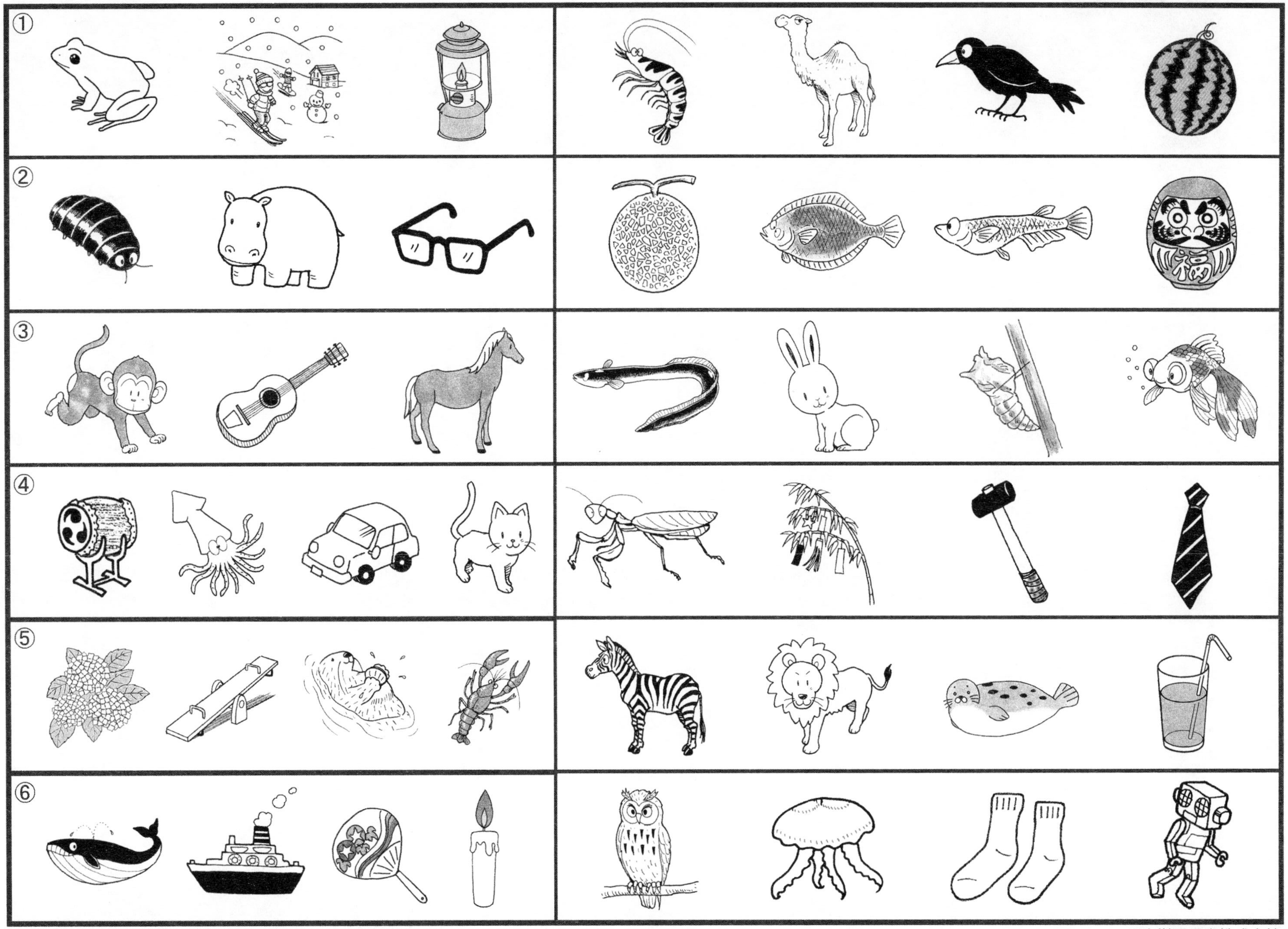

☆帝塚山小学校

問題２２

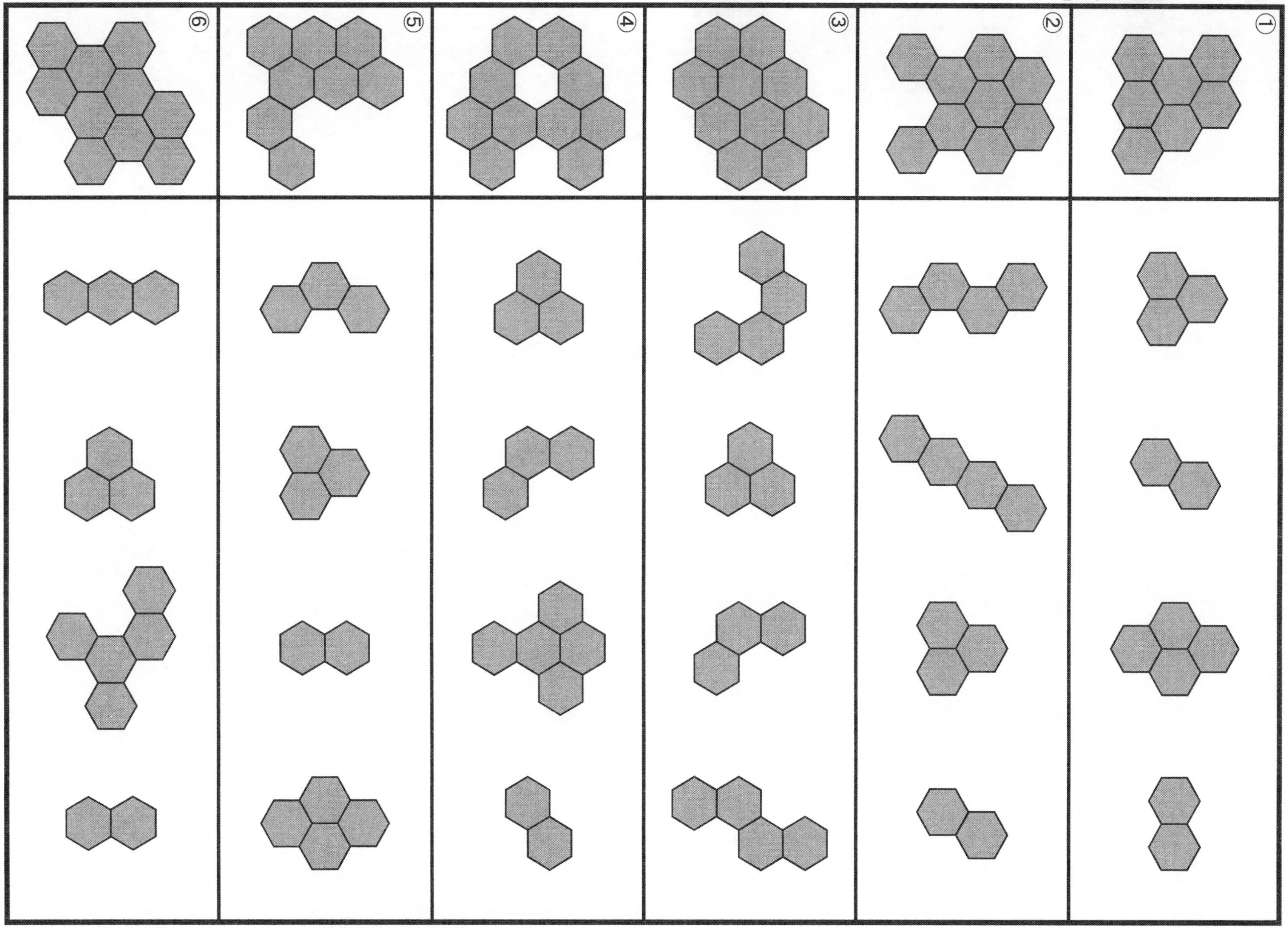

☆帝塚山小学校

問題２３

○☆☆○☆○☆☆○

☆○○☆☆○☆☆○

☆○☆○☆○☆○☆

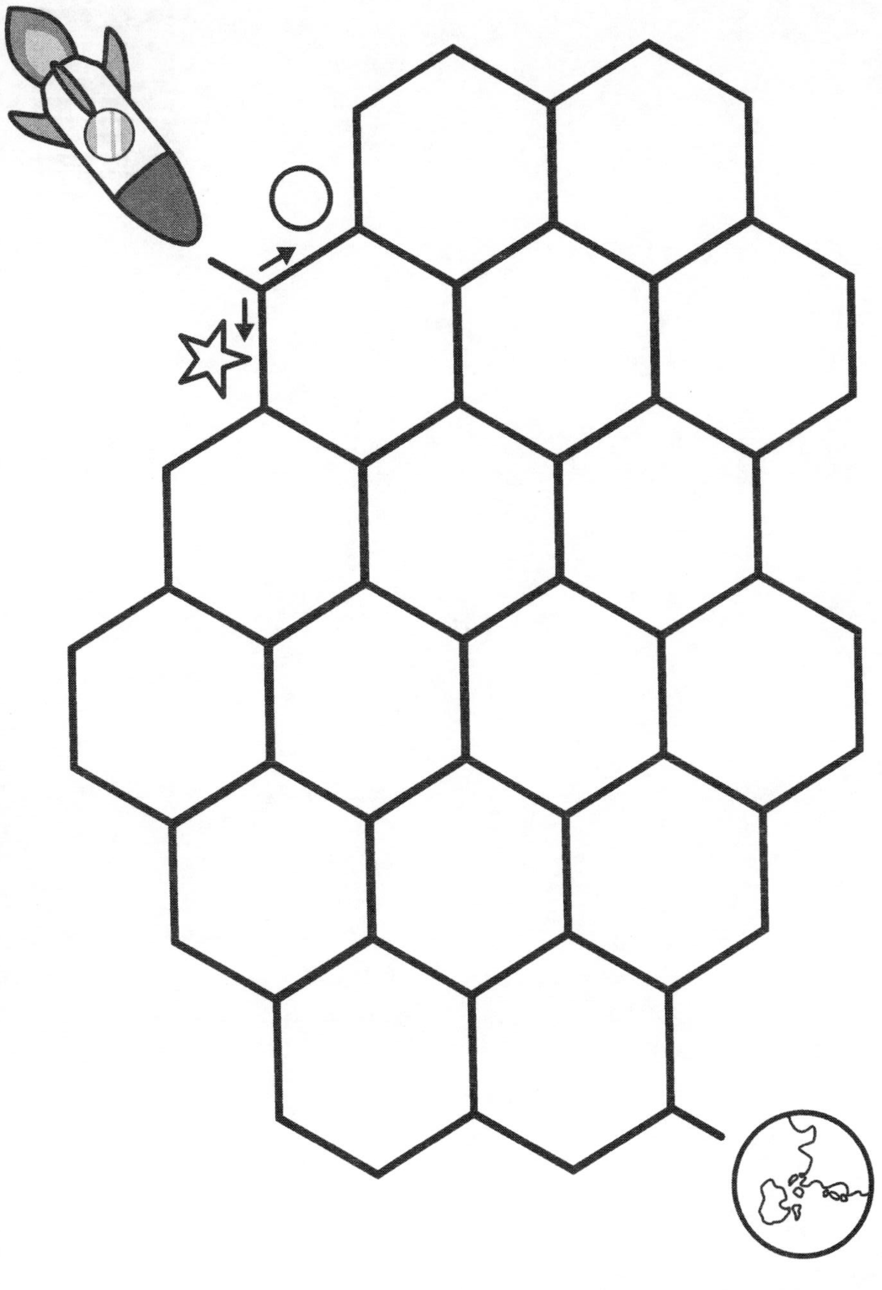

問題２４

☆帝塚山小学校

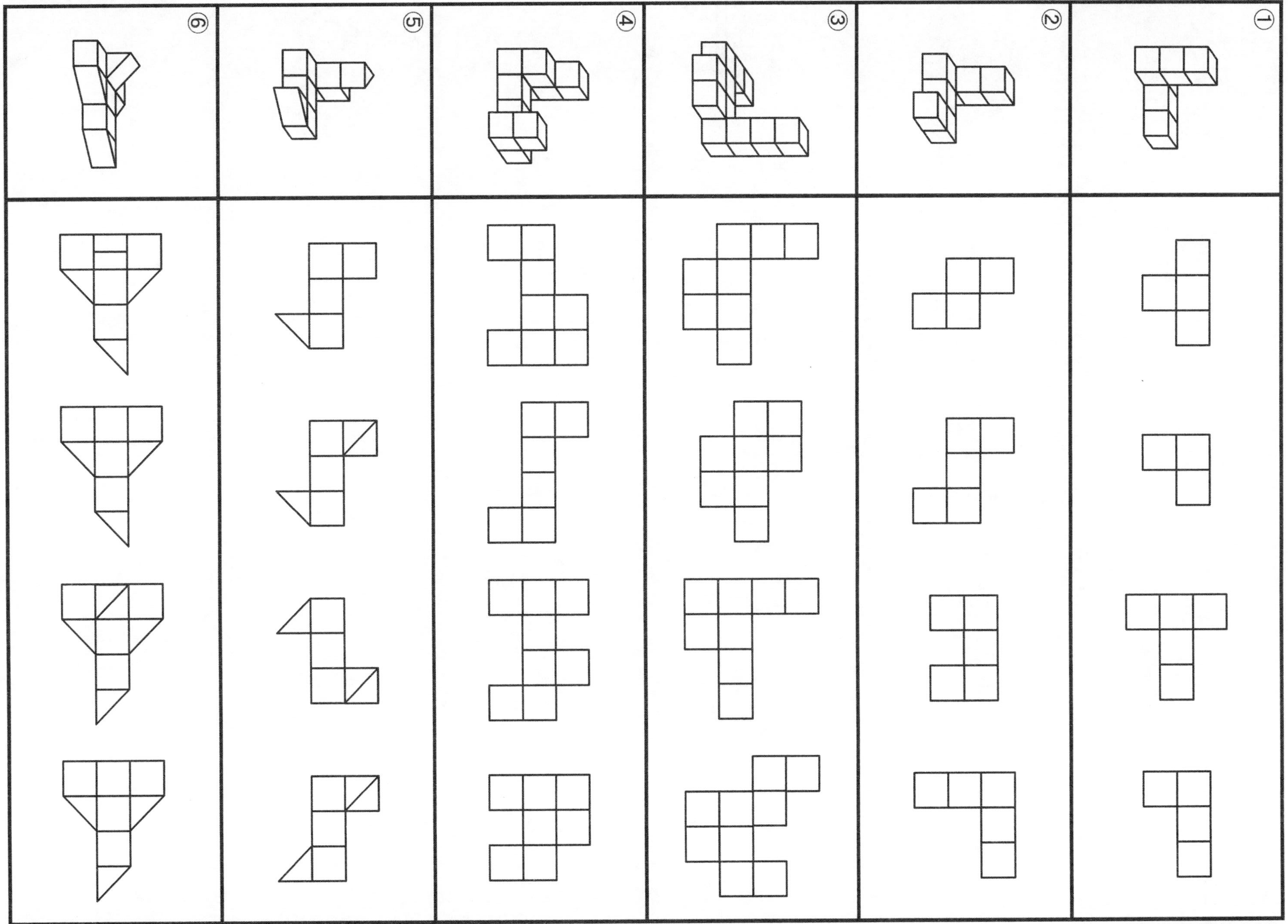

☆帝塚山小学校

問題２５

①

②

③

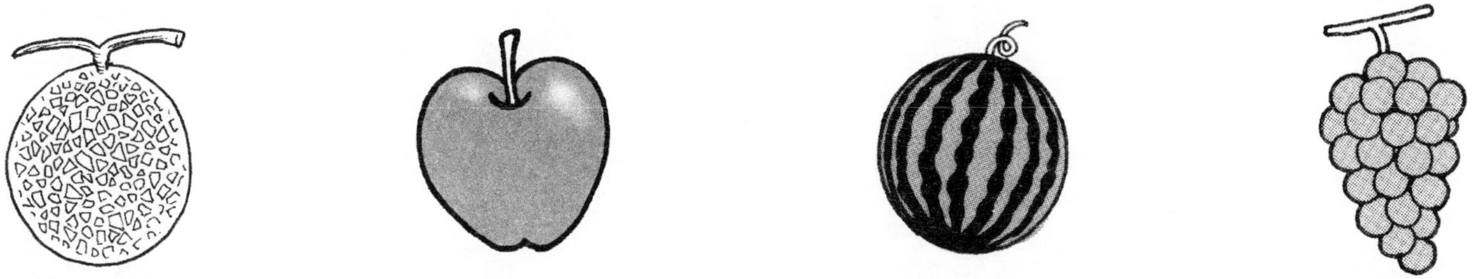

④

問題26

問題２７

☆帝塚山小学校

問題３１

①

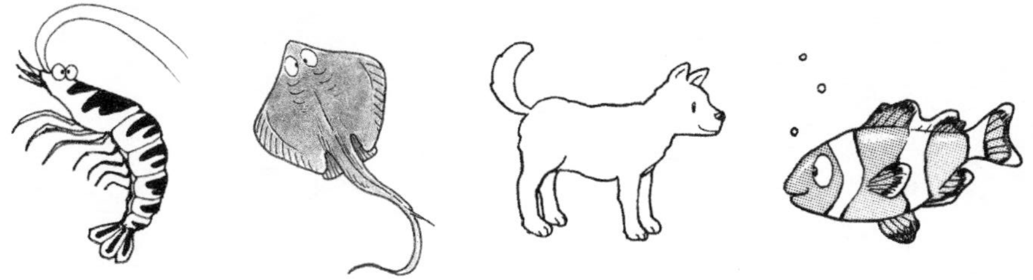

②

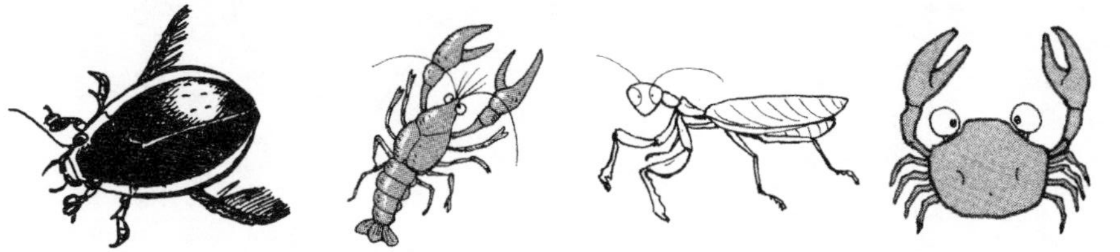

③

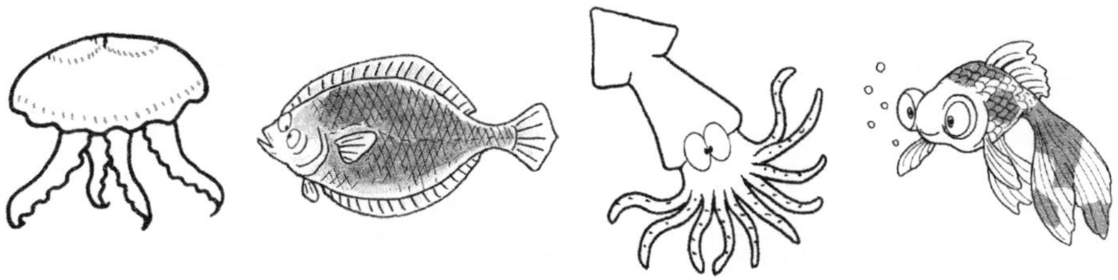

④

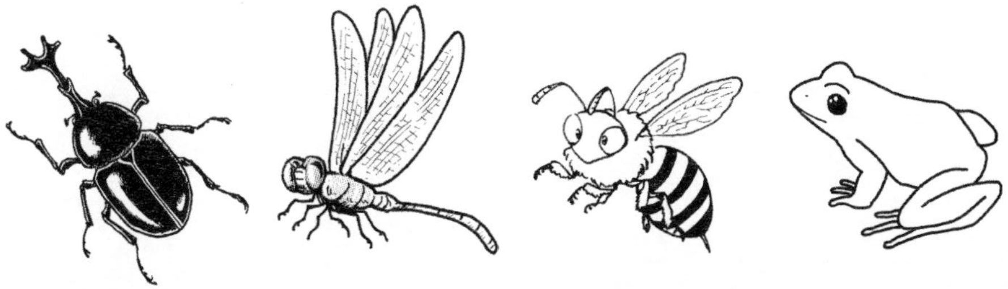

⑤

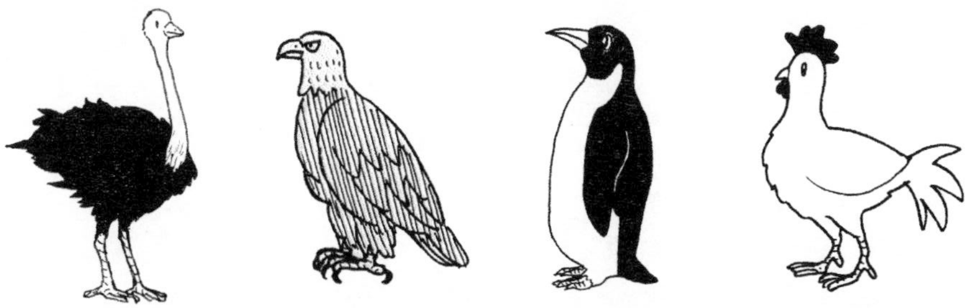

⑥

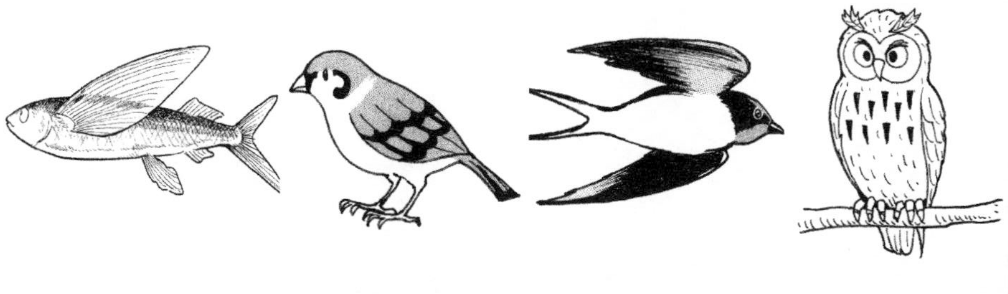

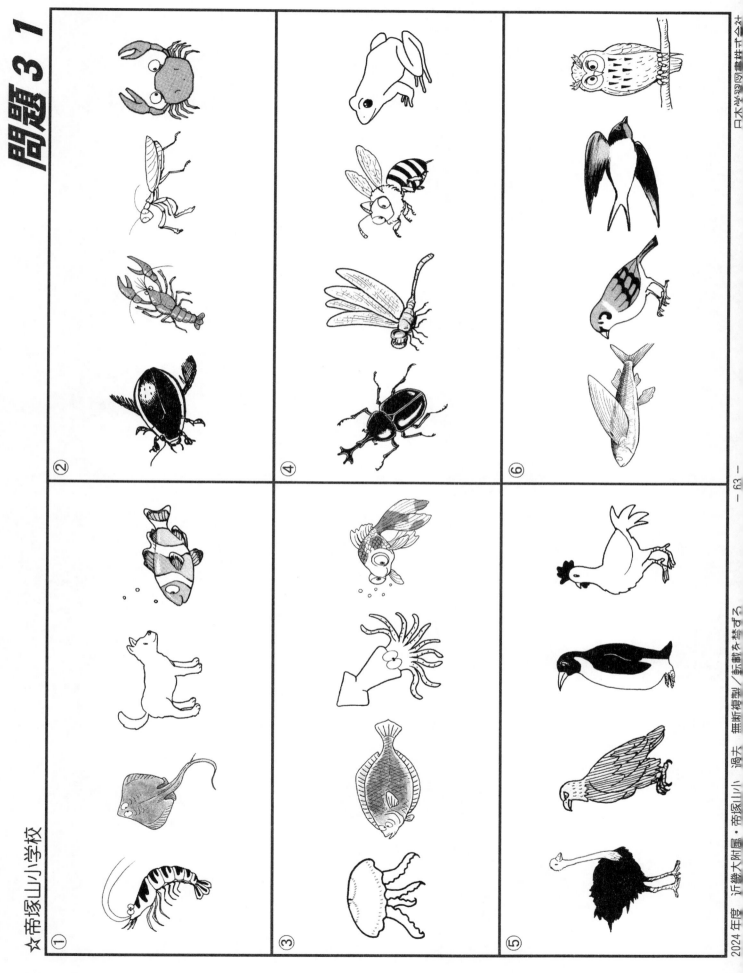

問題32

☆帝塚山小学校

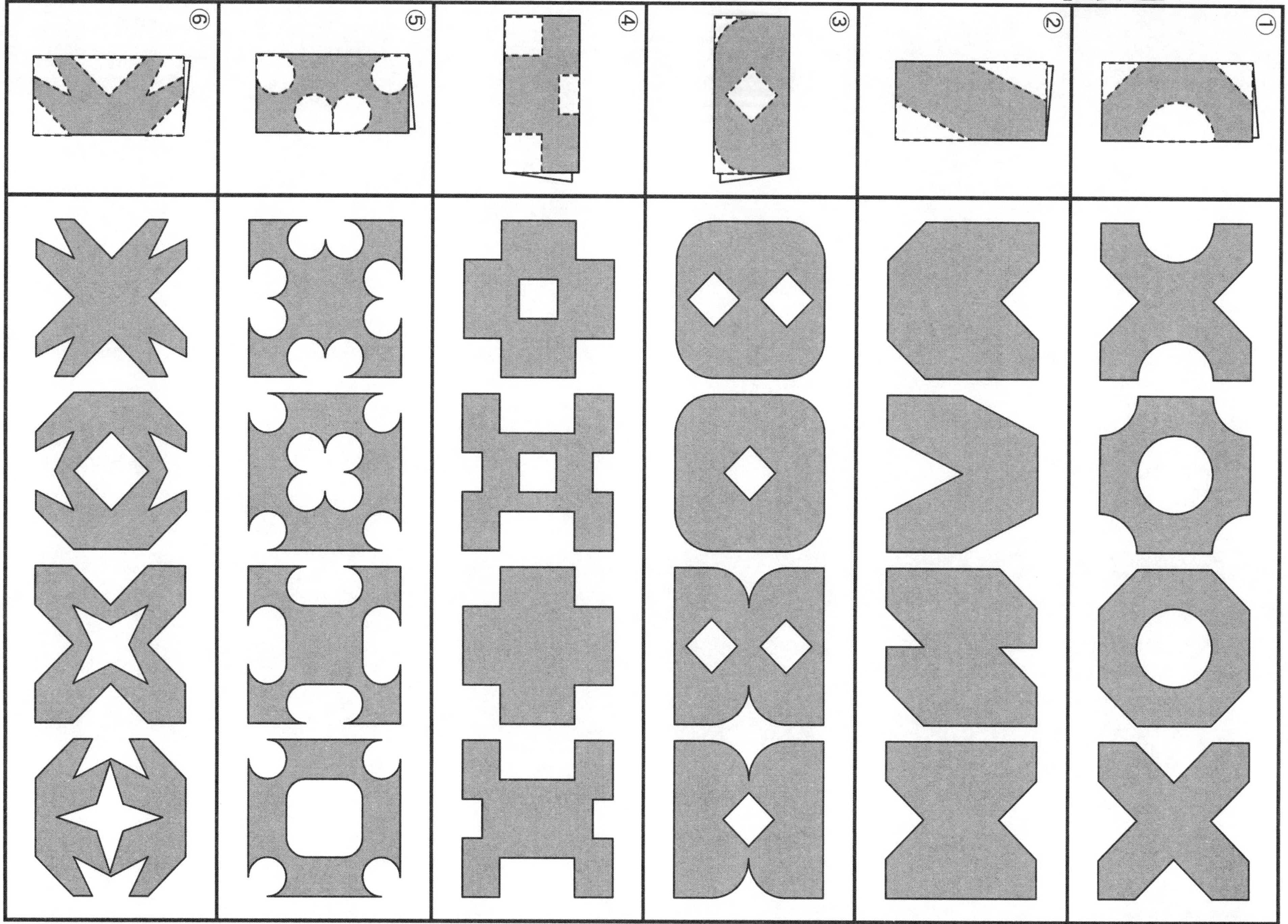

☆帝塚山小学校

問題３３

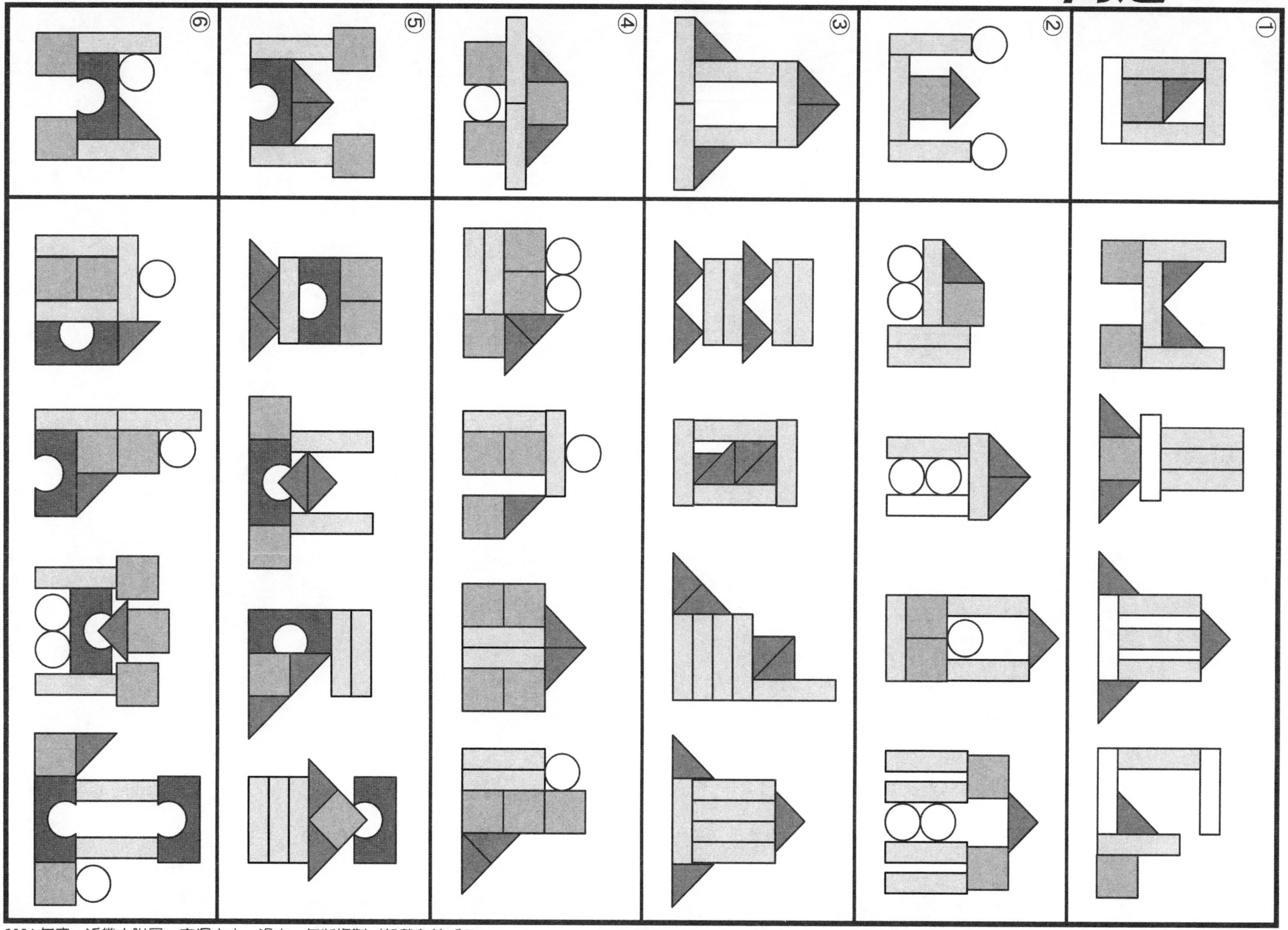

問題３４

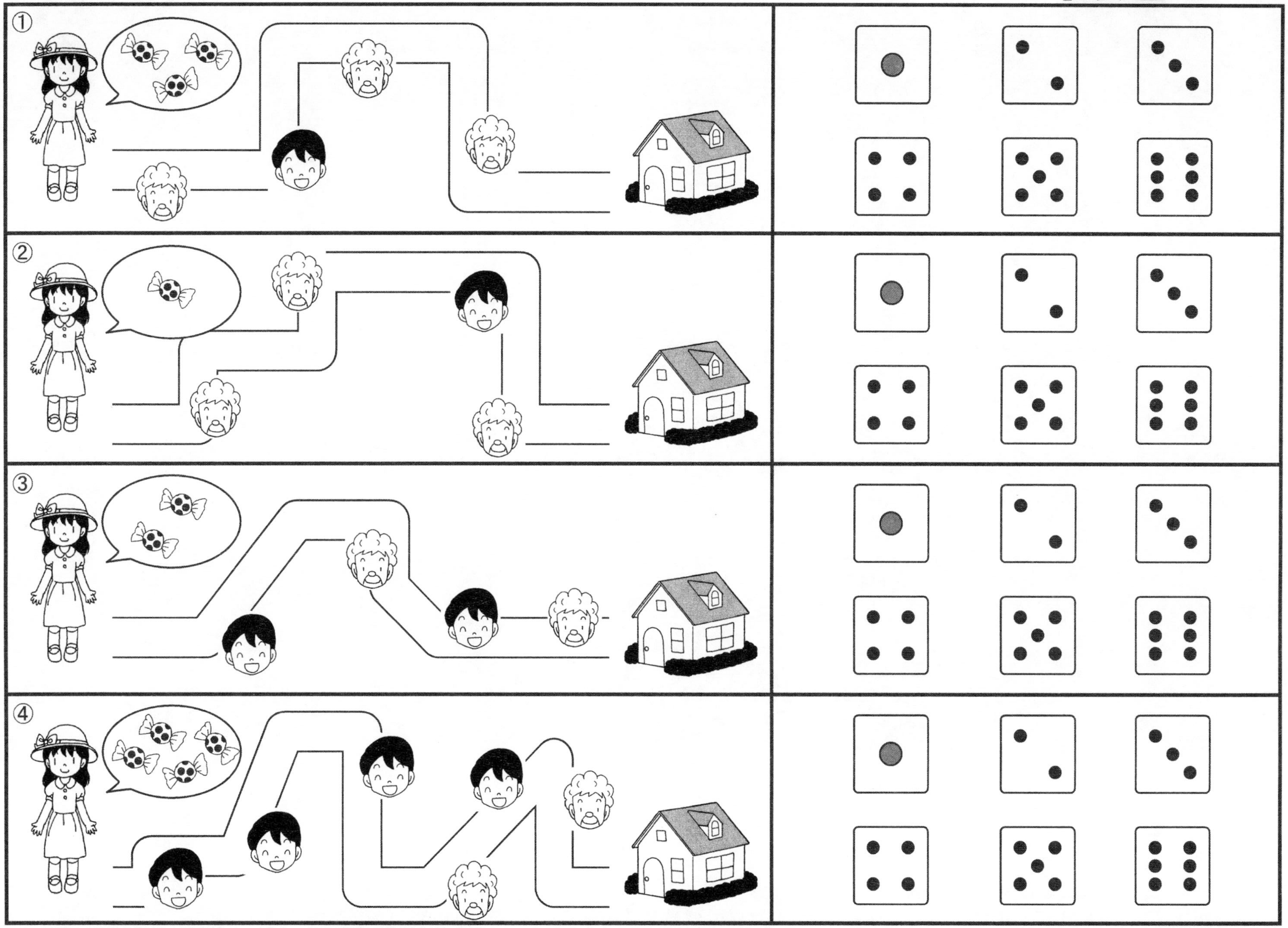

問題３５

☆帝塚山小学校

①

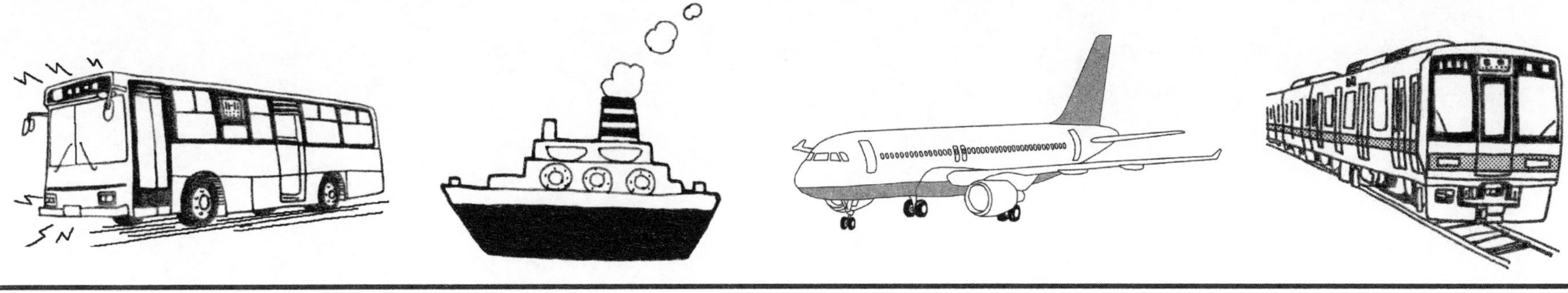

②

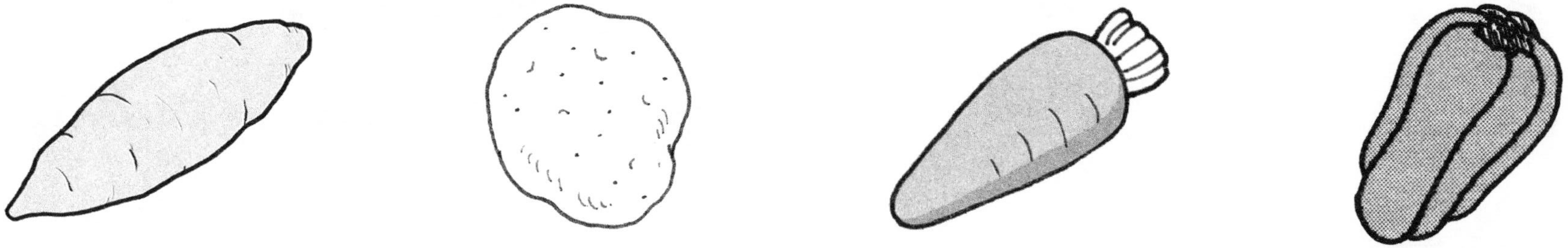

③

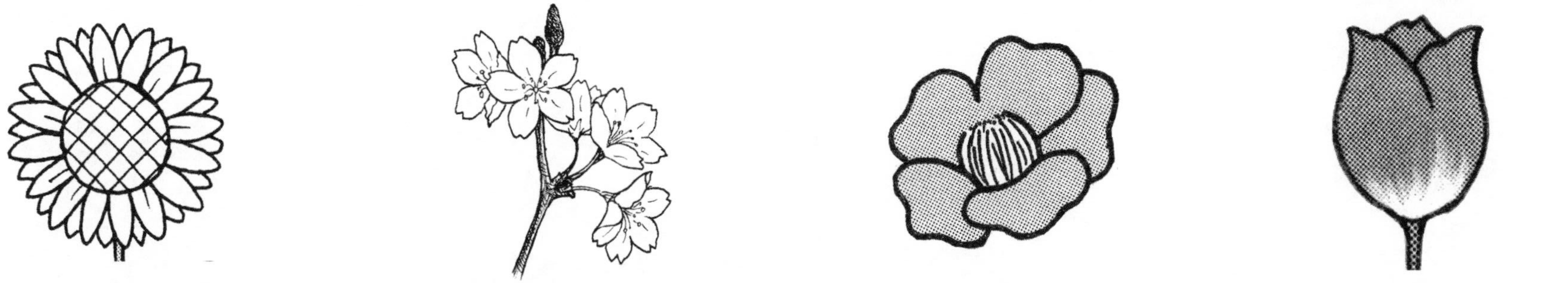

④

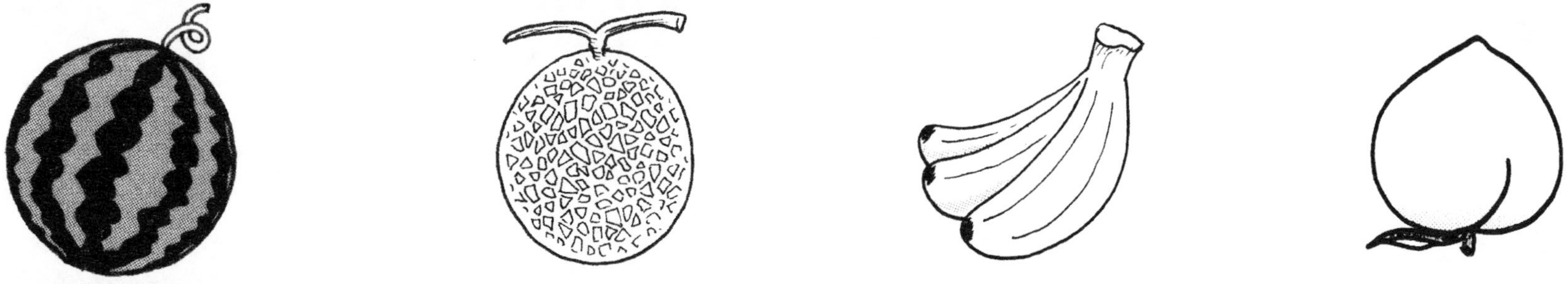

問題３６

☆帝塚山小学校

問題３７

日本学習図書株式会社

近畿大学附属小学校　専用注文書

年　　月　　日

合格のための問題集ベスト・セレクション

＊入試頻出分野ベスト３

1st 常　識	2nd お話の記憶	3rd 数　量
知　識　観察力	聞く力　集中力	思考力　集中力

１つのお話のストーリーに沿って、多分野の問題が連続して出題されます。特に、理科、生活常識、公共のマナーなど、常識分野は幅広い知識が必要な問題が出題されているので注意してください。

分野	書　名	価格(税込)	注文	分野	書　名	価格(税込)	注文
図形	Ｊｒ．ウォッチャー３「パズル」	1,650円	冊	数量	Ｊｒ．ウォッチャー39「たし算・ひき算２」	1,650円	冊
図形	Ｊｒ．ウォッチャー４「同図形探し」	1,650円	冊	図形	Ｊｒ．ウォッチャー46「回転図形」	1,650円	冊
推理	Ｊｒ．ウォッチャー６「系列」	1,650円	冊	推理	Ｊｒ．ウォッチャー47「座標の移動」	1,650円	冊
図形	Ｊｒ．ウォッチャー９「合成」	1,650円	冊	図形	Ｊｒ．ウォッチャー53「四方からの観察ー積み木編ー」	1,650円	冊
常識	Ｊｒ．ウォッチャー12「日常生活」	1,650円	冊	図形	Ｊｒ．ウォッチャー54「図形の構成」	1,650円	冊
数量	Ｊｒ．ウォッチャー14「数える」	1,650円	冊	常識	Ｊｒ．ウォッチャー56「マナーとルール」	1,650円	冊
記憶	Ｊｒ．ウォッチャー19「お話の記憶」	1,650円	冊		１話５分の読み聞かせお話集①②	1,980円	各　冊
巧緻性	Ｊｒ．ウォッチャー23「切る・貼る・塗る」	1,650円	冊		お話の記憶　中級編	2,200円	冊
巧緻性	Ｊｒ．ウォッチャー25「生活巧緻性」	1,650円	冊		新 個別テスト・口頭試問問題集	2,750円	冊
観察	Ｊｒ．ウォッチャー29「行動観察」	1,650円	冊		新 運動テスト問題集	2,420円	冊
常識	Ｊｒ．ウォッチャー30「生活習慣」	1,650円	冊		新 小学校受験の入試面接Ｑ＆Ａ	2,860円	冊
常識	Ｊｒ．ウォッチャー34「季節」	1,650円	冊		新 願書・アンケート文例集500	2,860円	冊
数量	Ｊｒ．ウォッチャー37「選んで数える」	1,650円	冊		面接最強マニュアル	2,200円	冊
数量	Ｊｒ．ウォッチャー38「たし算・ひき算１」	1,650円	冊				

合計	冊	円

(フリガナ) 氏　名	電　話 ＦＡＸ E-mail
住 所 〒　　　ー	以前にご注文されたことはございますか。 有　・　無

★お近くの書店、または記載の電話・FAX・ホームページにてご注文をお受けしております。
電話：03-5261-8951　FAX：03-5261-8953　代金は書籍合計金額＋送料がかかります。
※なお、落丁・乱丁以外の理由による商品の返品・交換には応じかねます。
★ご記入頂いた個人に関する情報は、当社にて厳重に管理致します。なお、ご購入の商品発送の他に、当社発行の書籍案内、書籍に関する調査に使用させて頂く場合がございますので、予めご了承ください。

日本学習図書株式会社
http://www.nichigaku.jp

帝塚山小学校　専用注文書

年　　月　　日

合格のための問題集ベスト・セレクション

＊入試頻出分野ベスト３

1st　図　形	2nd　お話の記憶	3rd　言　語
思考力　観察力	集中力　聞く力	知　識　語　彙

説明会でその年の入試の出題傾向が説明され、そのままその傾向の問題が出題されています。その情報をもとに対策をしておいた方がよいでしょう。しかし、図形と推理の分野に限っては、さまざまなパターンで幅広く出題されます。事前の情報はあっても、油断することなく取り組んでおきましょう。

分野	書　名	価格(税込)	注文	分野	書　名	価格(税込)	注文
図形	Ｊｒ．ウォッチャー４「同図形探し」	1,650円	冊	言語	Ｊｒ．ウォッチャー49「しりとり」	1,650円	冊
推理	Ｊｒ．ウォッチャー６「系列」	1,650円	冊	図形	Ｊｒ．ウォッチャー54「図形の構成」	1,650円	冊
図形	Ｊｒ．ウォッチャー９「合成」	1,650円	冊	常識	Ｊｒ．ウォッチャー55「理科②」	1,650円	冊
推理	Ｊｒ．ウォッチャー15「比較」	1,650円	冊	推理	Ｊｒ．ウォッチャー58「比較②」	1,650円	冊
言語	Ｊｒ．ウォッチャー17「言葉の音遊び」	1,650円	冊	言語	Ｊｒ．ウォッチャー60「言葉の音（おん）」	1,650円	冊
記憶	Ｊｒ．ウォッチャー19「お話の記憶」	1,650円	冊		お話の記憶　中級編	2,200円	冊
常識	Ｊｒ．ウォッチャー27「理科」	1,650円	冊		１話５分の読み聞かせお話集①②	1,980円	各　冊
観察	Ｊｒ．ウォッチャー29「行動観察」	1,650円	冊		新 個別テスト・口頭試問問題集	2,750円	冊
推理	Ｊｒ．ウォッチャー32「ブラックボックス」	1,650円	冊		新 運動テスト問題集	2,420円	冊
推理	Ｊｒ．ウォッチャー33「シーソー」	1,650円	冊		新 小学校受験の入試面接Ｑ＆Ａ	2,860円	冊
数量	Ｊｒ．ウォッチャー41「数の構成」	1,650円	冊		新 願書・アンケート文例集500	2,860円	冊
図形	Ｊｒ．ウォッチャー46「回転図形」	1,650円	冊		面接最強マニュアル	2,200円	冊
推理	Ｊｒ．ウォッチャー47「座標の移動」	1,650円	冊				
図形	Ｊｒ．ウォッチャー48「鏡図形」	1,650円	冊				

合計	冊	円

（フリガナ） 氏　名	電　話 ＦＡＸ E-mail	
住 所　〒　　　　－		以前にご注文されたことはございますか。 有　・　無

★お近くの書店、または記載の電話・FAX・ホームページにてご注文をお受けしております。
　電話：03-5261-8951　FAX：03-5261-8953　代金は書籍合計金額＋送料がかかります。
　※なお、落丁・乱丁以外の理由による商品の返品・交換には応じかねます。
★ご記入頂いた個人に関する情報は、当社にて厳重に管理致します。なお、ご購入の商品発送の他に、当社発行の書籍案内、書籍に関する調査に使用させて頂く場合がございますので、予めご了承ください。

日本学習図書株式会社
http://www.nichigaku.jp

分野別 小学入試練習帳 ジュニアウォッチャー

1．点・線図形	小学校入試で出題頻度の高い『点・線図形』の模写を、難易度の低いものから段階別に幅広く練習することができるように構成。
2．座標	図形の位置模写という作業を、難易度の低いものから段階別に練習できるように構成。
3．パズル	様々なパズルの問題を難易度の低いものから段階別に練習できるように構成。
4．同図形探し	小学校入試で出題頻度の高い、同図形選びの問題を繰り返し練習できるように構成。
5．回転・展開	図形などを回転、または展開したとき、形がどのように変化するかを学習し、理解を深められるように構成。
6．系列	数、図形などの様々な系列問題を、難易度の低いものから段階別に練習できるように構成。
7．迷路	迷路の問題を繰り返し練習できるように構成。
8．対称	対称に関する問題を4つのテーマに分類し、各テーマごとに問題を段階別に練習できるように構成。
9．合成	図形の合成に関する問題を、難易度の低いものから段階別に練習できるように構成。
10. 四方からの観察	もの（立体）を様々な角度から見て、どのように見えるかを推理する問題を段階別に整理し、1つの形式で複数の問題を練習できるように構成。
11. いろいろな仲間	ものや動物、植物の共通点を見つけ、分類していく問題を中心に構成。
12. 日常生活	日常生活における様々な問題を6つのテーマに分類し、各テーマごとに一つの問題形式で複数の問題を練習できるように構成。
13. 時間の流れ	『時間』に着目し、様々なものごとは、時間が経過するとどのように変化するのかということを学習し、理解できるように構成。
14. 数える	様々なものを『数える』ことから、数の多少の判定やかけ算、わり算の基礎までを練習できるように構成。
15. 比較	比較に関する問題を5つのテーマ（数、高さ、長さ、量、重さ）に分類し、各テーマごとに問題を段階別に練習できるように構成。
16. 積み木	数える対象を積み木に限定した問題集。
17. 言葉の音遊び	言葉の音に関する問題を5つのテーマに分類し、各テーマごとに問題を段階別に練習できるように構成。
18. いろいろな言葉	表現力をより豊かにするいろいろな言葉として、擬態語や擬声語、同音異義語、反意語、数詞を取り上げた問題集。
19. お話の記憶	お話を聴いてその内容を記憶、理解し、設問に答える形式の問題集。
20. 見る記憶・聴く記憶	「見て憶える」「聴いて憶える」という『記憶』分野に特化した問題集。
21. お話作り	いくつかの絵を元にしてお話を作る練習をして、想像力を養うことができるように構成。
22. 想像画	描かれてある形や景色に好きな絵を描くことにより、想像力を養うことができるように構成。
23. 切る・貼る・塗る	小学校入試で出題頻度の高い、はさみやのりなどを用いた巧緻性の問題を繰り返し練習できるように構成。
24• 絵画	小学校入試で出題頻度の高い、お絵かきやぬり絵などクレヨンやクーピーペンを用いた巧緻性の問題を繰り返し練習できるように構成。
25. 生活巧緻性	小学校入試で出題頻度の高い日常生活の様々な場面における巧緻性の問題集。
26. 文字・数字	ひらがなの清音、濁音、拗音、拗長音、促音と1～20までの数字に焦点を絞り、練習できるように構成。
27. 理科	小学校入試で出題頻度が高くなりつつある理科の問題を集めた問題集。
28. 運動	出題頻度の高い運動問題を種目別に分けて構成。
29. 行動観察	項目ごとに問題提起をし、「このような時はどうか、あるいはどう対処するのか」の観点から問いかける形式の問題集。
30. 生活習慣	学校から家庭に提起された問題と思って、一問一問絵を見ながら話し合い、考える形式の問題集。

31. 推理思考	数、量、言語、常識（含理科、一般）など、諸々のジャンルから問題を構成し、近年の小学校入試問題傾向に沿って構成。
32. ブラックボックス	箱や筒の中を通ると、どのようなお約束でどのように変化するかを推理・思考する問題集。
33. シーソー	重さの違うものをシーソーに乗せた時どちらに傾くのか、またどうすればシーソーは釣り合うのかを思考する基礎的な問題集。
34. 季節	様々な行事や植物などを季節別に分類できるように知識をつける問題集。
35. 重ね図形	小学校入試で頻繁に出題されている「図形を重ね合わせてできる形」についての問題を集めました。
36. 同数発見	様々な物を数え「同じ数」を発見し、数の多少の判断や数の認識の基礎を学べるように構成した問題集。
37. 選んで数える	数の学習の基本となる、いろいろなものの数を正しく数える学習を行う問題集。
38. たし算・ひき算1	数字を使わず、たし算とひき算の基礎を身につけるための問題集。
39. たし算・ひき算2	数字を使わず、たし算とひき算の基礎を身につけるための問題集。
40. 数を分ける	数を等しく分ける問題です。等しく分けたときに余りが出るものもあります。
41. 数の構成	ある数がどのような数で構成されているか学んでいきます。
42. 一対多の対応	一対一の対応から、一対多の対応まで、かけ算の考え方の基礎学習を行います。
43. 数のやりとり	あげたり、もらったり、数の変化をしっかりと学びます。
44. 見えない数	指定された条件から数を導き出します。
45. 図形分割	図形の分割に関する問題集。パズルや合成の分野にも通じる様々な問題を集めました。
46. 回転図形	「回転図形」に関する問題集。やさしい問題から始め、いくつかの代表的なパターンから、段階を踏んで学習できるよう編集されています。
47. 座標の移動	「マス目の指示通りに移動する問題」と「指示された数だけ移動する問題」を収録。
48. 鏡図形	鏡で左右反転させた時の見え方を考えます。平面図形から立体図形、文字、絵まで。
49. しりとり	すべての学習の基礎となる「言葉」を学ぶこと、特に「語彙」を増やすことに重点をおき、さまざまなタイプの「しりとり」問題を集めました。
50. 観覧車	観覧車やメリーゴーラウンドなどを舞台にした「回転系列」の問題集。「推理思考」分野の問題ですが、要素として「図形」や「数量」も含みます。
51. 運筆①	鉛筆の持ち方を学び、点線なぞり、お手本を見ながらの模写で、線を引く練習をします。
52. 運筆②	運筆①からさらに発展し、「欠所補完」や「迷路」などを楽しみながら、より複雑な鉛筆運びを習得することを目指します。
53. 四方からの観察 積み木編	積み木を使用した「四方からの観察」に関する問題を練習できるように構成。
54. 図形の構成	見本の図形がどのような部分によって形づくられているかを考えます。
55. 理科②	理科的知識に関する問題を集中して練習する「常識」分野の問題集。
56. マナーとルール	道路や駅、公共の場でのマナー、安全や衛生に関する常識を学べるように構成。
57. 置き換え	さまざまな具体的・抽象的事象を記号で表す「置き換え」の問題を扱います。
58. 比較②	長さ・高さ・体積・数などを数学的な知識を使わず、論理的に推測する「比較」の問題を練習できるように構成。
59. 欠所補完	線と線のつながり、欠けた絵に当てはまるものなどを求める「欠所補完」に取り組める問題集です。
60. 言葉の音（おん）	しりとり、決まった順番の音をつなげるなど、「言葉の音」に関する問題に取り組める練習問題集です。

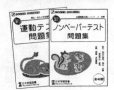

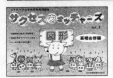

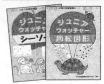

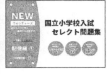

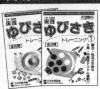

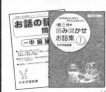

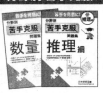

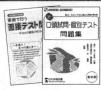

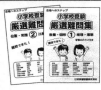

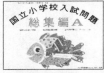

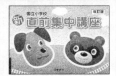

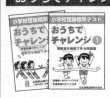

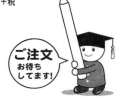

『読み聞かせ』×『質問』＝『聞く力』

お話の記憶の練習に最　適

1話5分の
読み聞かせお話集①②

「アラビアン・ナイト」「アンデルセン童話」「イソップ寓話」「グリム童話」、日本や各国の民話、昔話、偉人伝の中から、教育的な物語や、過去に小学校入試でも出題された有名なお話を中心に掲載。お話ごとに、内容に関連したお子さまへの質問も掲載しています。「読み聞かせ」を通して、お子さまの『聞く力』を伸ばすことを目指します。　①巻・②巻　各48話

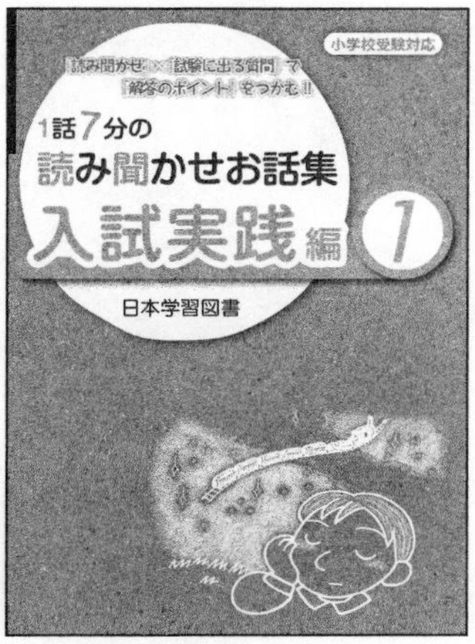

1話7分の読み聞かせお話集
入試実践編①

国立・私立小学校受験対　応

最長1,700文字の長文のお話を掲載。有名でない＝「聞いたことのない」お話を聞くことで、『集中力』のアップを目指します。設問も、実際の試験を意識した設問としています。ペーパーテスト実施校の多くが「お話の記憶」の問題を出題します。毎日の「読み聞かせ」と「試験に出る質問」で、「解答のポイント」をつかんで臨みましょう！　50話収録

ニチガクの　この5冊で受験準備も万全！

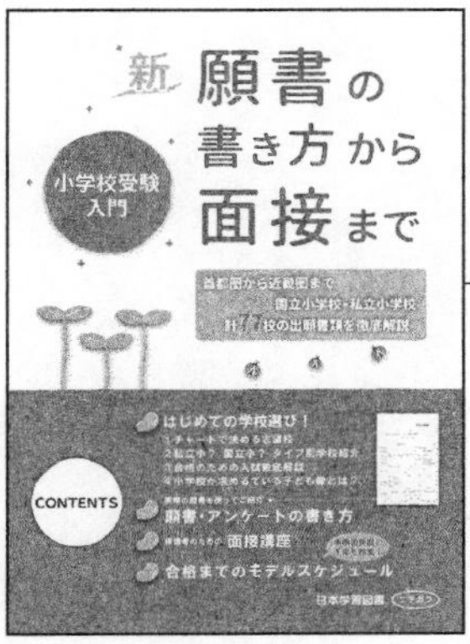

小学校受験入門
願書の書き方から面接まで　リニューアル版

主要私立・国立小学校の願書・面接内容を中心に、学校選びや入試の分野傾向、服装コーディネート、持ち物リストなども網羅し、受験準備全体をサポートします。

小学校受験で
知っておくべき
125のこと

小学校受験の基本から怪しい「ウワサ」まで、保護者の方々からの 125 の質問にていねいに解答。目からウロコのお受験本。

新　小学校受験の
入試面接Q＆A　リニューアル版

過去十数年に遡り、面接での質問内容を網羅。小学校別、父親・母親・志願者別、さらに学校のこと・志望動機・お子さまについてなど分野ごとに模範解答例やアドバイスを掲載。

新　願書・アンケート
文例集 500　リニューアル版

有名私立小、難関国立小の願書やアンケートに記入するための適切な文例を、質問の項目別に収録。合格を掴むためのヒントが満載！願書を書く前に、ぜひ一度お読みください。

小学校受験に関する
保護者の悩みQ＆A

保護者の方約 1,000 人に、学習・生活・躾に関する悩みや問題を取材。その中から厳選した 200 例以上の悩みに、「ふだんの生活」と「入試直前」のアドバイス２本立てで悩みを解決。

日本学習図書株式会社

図書カード1000円分プレゼント

ご記入日　令和　　年　　月　　日

☆国・私立小学校受験アンケート☆

※可能な範囲でご記入下さい。選択肢は○で囲んで下さい。

〈小学校名〉＿＿＿＿＿＿＿＿＿＿　〈お子さまの性別〉男・女　〈誕生月〉＿＿月

〈その他の受験校〉（複数回答可）＿＿＿＿＿＿＿＿＿＿＿＿＿＿＿＿

〈受験日〉①：＿月＿日〈時間〉＿時＿分　～　＿時＿分

②：＿月＿日〈時間〉＿時＿分　～　＿時＿分

〈受験者数〉男女計＿＿名（男子＿＿名　女子＿＿名）

〈お子さまの服装〉＿＿＿＿＿＿＿＿＿＿＿＿＿＿＿＿

〈入試全体の流れ〉（記入例）準備体操→行動観察→ペーパーテスト

＿＿＿＿＿＿＿＿＿＿＿＿＿＿＿＿＿＿＿＿＿＿＿＿

Eメールによる情報提供

日本学習図書では、Eメールでも入試情報を募集しております。

下記のアドレスに、アンケートの内容をご入力の上、メールをお送り下さい。

ojuken@nichigaku.jp

●行動観察　（例）好きなおもちゃで遊ぶ・グループで協力するゲームなど

〈実施日〉＿月＿日〈時間〉＿時＿分　～　＿時＿分〈着替え〉□有　□無

〈出題方法〉□肉声　□録音　□その他（　　　　　）〈お手本〉□有　□無

〈試験形態〉□個別　□集団（　　　人程度）

〈内容〉

□自由遊び

＿＿＿＿＿＿＿＿＿＿＿＿＿＿＿＿

□グループ活動

＿＿＿＿＿＿＿＿＿＿＿＿＿＿＿＿

□その他

＿＿＿＿＿＿＿＿＿＿＿＿＿＿＿＿

〈会場図〉

●運動テスト（有・無）　（例）跳び箱・チームでの競争など

〈実施日〉＿月＿日〈時間〉＿時＿分　～　＿時＿分〈着替え〉□有　□無

〈出題方法〉□肉声　□録音　□その他（　　　　　）〈お手本〉□有　□無

〈試験形態〉□個別　□集団（　　　人程度）

〈内容〉

□サーキット運動

□走り　□跳び箱　□平均台　□ゴム跳び

□マット運動　□ボール運動　□なわ跳び

□クマ歩き

□グループ活動＿＿＿＿＿＿＿＿＿＿＿＿

□その他＿＿＿＿＿＿＿＿＿＿＿＿

〈会場図〉

●知能テスト・口頭試問

〈実施日〉＿＿月＿＿日〈時間〉＿＿時＿＿分 ～ ＿＿時＿＿分〈お手本〉□有 □無

〈出題方法〉□肉声 □録音 □その他（　　　　　）〈問題数〉＿＿枚 ＿＿問

分野	方法	内容	詳細・イラスト
（例） お話の記憶	☑筆記 □口頭	動物たちが待ち合わせをする話	（あらすじ） 動物たちが待ち合わせをした。最初にウサギさんが来た。次にイヌくんが、その次にネコさんが来た。最後にタヌキくんが来た。 （問題・イラスト） ３番目に来た動物は誰か
お話の記憶	□筆記 □口頭		（あらすじ） （問題・イラスト）
図形	□筆記 □口頭		
言語	□筆記 □口頭		
常識	□筆記 □口頭		
数量	□筆記 □口頭		
推理	□筆記 □口頭		
その他	□筆記 □口頭		

●制作　(例) ぬり絵・お絵かき・工作遊びなど

〈実施日〉＿＿月＿＿日〈時間〉＿＿時＿＿分～＿＿時＿＿分

〈出題方法〉□肉声 □録音 □その他（　　　　　）〈お手本〉□有 □無

〈試験形態〉□個別 □集団（　　　人程度）

材料・道具	制作内容
□ハサミ	□切る □貼る □塗る □ちぎる □結ぶ □描く □その他（　　　　　）
□のり（□つぼ □液体 □スティック）	タイトル：＿＿＿＿＿＿＿＿
□セロハンテープ	
□鉛筆 □クレヨン（　色）	
□クーピーペン（　色）	
□サインペン（　色）□	
□画用紙（□ A4 □ B4 □ A3	
□その他：　　　　）	
□折り紙 □新聞紙 □粘土	
□その他（　　　　）	

●面接

〈実施日〉＿＿月＿＿日〈時間〉＿＿時＿＿分～＿＿時＿＿分〈面接担当者〉＿＿名

〈試験形態〉□志願者のみ（　）名 □保護者のみ □親子同時 □親子別々

〈質問内容〉

※試験会場の様子をご記入下さい。

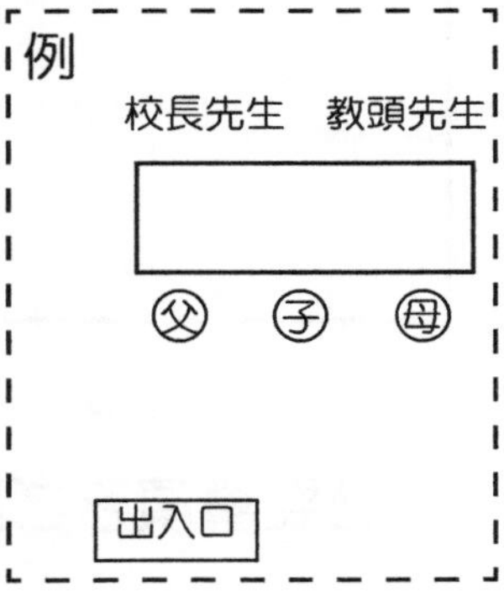

□志望動機　□お子さまの様子

□家庭の教育方針

□志望校についての知識・理解

□その他（　　　　　　　　　　）

（ 詳　細 ）

・

・

・

・

●保護者作文・アンケートの提出（有・無）

〈提出日〉□面接直前　□出願時　□志願者考査中　□その他（　　　　　　）

〈下書き〉□有　□無

〈アンケート内容〉

（記入例）当校を志望した理由はなんですか（150 字）

●**説明会**（□有　□無）〈開催日〉＿＿月＿＿日〈時間〉＿＿時＿＿分　〜　＿＿時＿＿分

〈上履き〉　□要　□不要　〈願書配布〉　□有　□無　〈校舎見学〉　□有　□無

〈ご感想〉

●**参加された学校行事**（複数回答可）

公開授業〈開催日〉＿＿月＿＿日〈時間〉＿＿時＿＿分　〜　＿＿時＿＿分

運動会など〈開催日〉＿＿月＿＿日〈時間〉＿＿時＿＿分　〜　＿＿時＿＿分

学習発表会・音楽会など〈開催日〉＿＿月＿＿日〈時間〉＿＿時＿＿分　〜　＿＿時＿＿分

〈ご感想〉

※是非参加したほうがよいと感じた行事について

●**受験を終えてのご感想、今後受験される方へのアドバイス**

※対策学習（重点的に学習しておいた方がよい分野）、当日準備しておいたほうがよい物など

＊＊＊＊＊＊＊＊＊＊＊＊＊　ご記入ありがとうございました　＊＊＊＊＊＊＊＊＊＊＊＊＊

必要事項をご記入の上、ポストにご投函ください。

なお、本アンケートの送付期限は入試終了後３ヶ月とさせていただきます。また、入試に関する情報の記入量が当社の基準に満たない場合、謝礼の送付ができないことがございます。あらかじめご了承ください。

ご住所：〒＿＿＿＿＿＿＿＿＿＿＿＿＿＿＿＿

お名前：＿＿＿＿＿＿＿＿　メール：＿＿＿＿＿＿＿＿

ＴＥＬ：＿＿＿＿＿＿＿＿　ＦＡＸ：＿＿＿＿＿＿＿＿

ご記入頂いた個人に関する情報は、当社にて厳重に管理致します。弊社の個人情報取り扱いに関する詳細は、www.nichigaku.jp/policy.php の「個人情報の取り扱い」をご覧下さい。

家庭学習をトータルサポート！ ニチガクのオリジナル 効果的 学習法

1 まずは アドバイスページを読む！

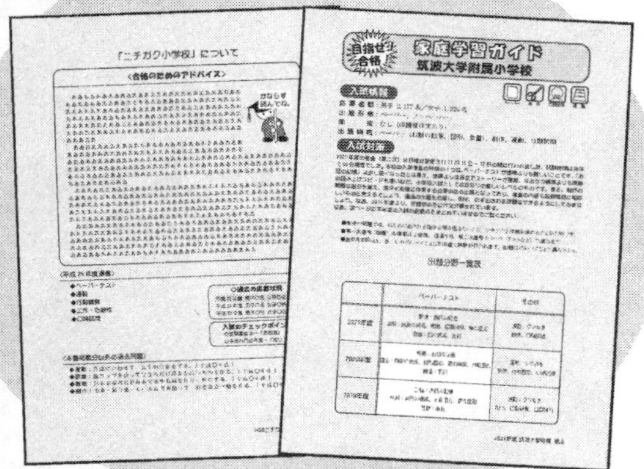

ピンク色です

対策や試験ポイントがぎっしりつまった「家庭学習ガイド」。分野アイコンで、試験の傾向をおさえよう！

2 問題をすべて読み、出題傾向を把握する

3 「学習のポイント」で学校側の観点や問題の解説を熟読

4 はじめて過去問題にチャレンジ！

5 プラスα 対策問題集や類題で力を付ける

過去問のこだわり

最新問題は問題ページ、イラストページ、解答・解説ページが独立しており、お子さまにすぐに取り掛かっていただける作りになっています。

ニチガクの学校別問題集ならではの、学習法を含めたアドバイスを利用して効率のよい家庭学習を進めてください。

各問題のジャンル

問題8　分野：図形（構成・重ね図形）

〈準備〉　鉛筆、消しゴム

〈問題〉　①この形は、左の三角形を何枚使ってできていますか。その数だけ右の四角に○を書いてください。
②左の絵の一番下になっている形に○をつけてください。
③左には、透明な板に書かれた３枚の絵があります。この絵をそのまま３枚重ねると、どうなりますか。右から選んで○をつけてください。
④左には、透明な板に書かれた３枚の絵があります。この絵をそのまま３枚重ねると、どうなりますか。右から選んで○をつけてください。

〈時間〉　各20秒

〈解答〉　①○４つ　②中央　③右端　④右端

学習のポイント

空間認識力を総合的に観ることができる問題構成といえるでしょう。これらの３問を見て、どの問題もすんなりと解くことができたでしょうか。当校の入試は、基本問題は確実に解き、難問をどれだけ正解するかで合格が近づいてきます。その観点からいうなら、この問題は全問正解したい問題に入ります。この問題も、お子さま自身に答え合わせをさせることをおすすめいたします。自分で実際に確認することでどのようになっているのか把握することが可能で、理解度が上がります。実際に操作したとき、どうなっているのか。何処がポイントになるのかなど、質問をすると、答えることが確認作業になるため、知識の習得につながります。形や条件を変え、色々な問題にチャレンジしてみましょう。

【おすすめ問題集】
Jr.ウォッチャー45「図形分割」

学習のポイント

各問題の解説や学校の観点、指導のポイントなどを教えます。
今日から保護者の方が家庭学習の先生に！

おすすめ対策問題集

分野ごとに対策問題集をご紹介。苦手分野の克服に最適です！
＊専用注文書付き。

2024年度版　近畿大学附属小学校
帝塚山小学校　過去問題集

発行日　2023年7月12日
発行所　〒162-0821　東京都新宿区津久戸町 3-11-9F
日本学習図書株式会社
電　話　03-5261-8951 ㈹